本当に使える

Wordで誰でもつくれる!

業務マニュアル作成のルール

株式会社ビジネスプラスサポート 監修　森田圭美 著

同文舘出版

マニュアルは組織を活性化する

　あなたの会社・部署にマニュアルはありますか？
「マニュアル」という言葉がもたらすイメージは、人によってさまざまですが、本書では、業務マニュアルを「業務の情報が掲載された文書」と捉えて、「組織の財産」に位置付けています。
「マニュアル」と聞くと、型に押し込められるようなイメージを持つかもしれませんが、実はその逆です。「業務の情報」をマニュアルで共有することで、情報が個人に分散した状態がもたらす混乱から抜け出て、新たな付加価値を生み出す余裕が生まれます。情報の混乱は人間関係でマイナスに作用しますから、マニュアルでの「業務の情報」はチーム力向上にも効果をもたらします。

　新型コロナウィルスの流行で、私たちの働き方には大きな変化が、しかも一気に起こりました。最も大きな変化はリモートワークの導入が広がったことでしょう。結果として、在宅勤務と出社の混在で、業務の適正な分担がますます求められています。

　その課題への答えが、マニュアル作成を通した「なにを、誰が、どこまでやるのか」の可視化と共有です。

この「業務の見える化＆標準化」の重要性の認識は、コロナ以前から年々高まってきていましたが、組織の喫緊の課題として取り組むことへの強い追い風が、図らずもコロナの流行によって吹いています。

　また、RPA（ロボティックプロセスオートメーション＝定型作業のロボットによる自動化）の導入に向けた"前さばき"として、業務の見える化＆標準化に取り組む会社も増えています。

　さて、改めて、あなたの会社・部署にマニュアルはありますか？

　もし、あるけれど活用できていないというマニュアルがあるならば、次のような特徴が表われがちです。

☹真摯なゆえに独りよがりでわかりにくいクセ強めマニュアル
☹あるという話は聞くが見つからない埋蔵マニュアル
☹前任者のスキルが高くて更新不可のハイスペックマニュアル

　……このような残念なマニュアルになっていませんか？

　本書のマニュアル作成は、次の３つの視点から「脱・残念マニュアル」「個人の力に頼らないマニュアル作成」を目指します。

☺最初から 100 点を目指さない
☺ひとりぼっちでつくらない
☺小さくつくって使いながらみんなで育てる

　本書は、タイトル通り「業務マニュアルの作成」がテーマですが、「つくる」をゴールに考えてはいません。マニュアルの作成は手段です。「個々のチカラ＝個人が持っているよきノウハウ・知恵」を「組織のチカラ」として共有し、引き継いでいくことをゴールにしています。

　とはいえ、マニュアル作成だけに専念し、時間を投下することは難しいのが現実です。「組織の財産」としてのマニュアルを、日常の担当業務と並行して作成するために、Word を使ったつくりやすく更新しやすいマニュアルの作成方法を 5 章で紹介します。そのまま使えるマニュアル、業務の見える化、管理ツールのテンプレートもダウンロードできるので、ぜひ活用ください。

　マニュアル作成は、業務そのものと向き合う取り組みです。さっそく、マニュアル作成の第一歩を踏み出しましょう。

はじめに ── マニュアルは組織を活性化する

本書の読み方ガイド

マニュアル作成の流れと本書の構成

CHAPTER 1

「こんなマニュアルがあったらいいな」を
カタチにしよう！

CHAPTER 2

マニュアル作成を企画する

CHAPTER 3

マニュアル作成も段取り八分

CHAPTER 4

「わかりやすい」と「つくりやすい」の両輪をまわす

CHAPTER 5

パソコンスキルに頼らないマニュアルづくりの具体策

CHAPTER 6

活用・更新でマニュアルが活きる

おわりに ── マニュアルは組織の財産

カバーデザイン　三枝未央

本文デザイン・DTP　草水美鶴

本書の読み方ガイド

【　】	キーボードのキーの名称
【　】＋【　】	ショートカットキー **例**【Alt】＋【Enter】 　【Alt】キーを押しながら【Enter】を押す
［　］→［　］	リボン名・グループ・ボタン（コマンド）名 **例**［参考資料］タブ→［目次］グループ→ 　［目次の更新］ 「参考資料」リボンの「目次」グループ の「目次の更新」をクリックする
ダウンロード特典	**例** 📁 3章⇒業務ツリーテンプレート.docx ダウンロードデータ内「3章」フォルダーの 「業務ツリーテンプレート.docx」ファイル

マニュアル作成の流れと本書の構成

本書は、マニュアルを作成・活用する順に構成しています。
以下の4つの階段を上りながら、マニュアル作成を進めます。
まずは、順番に読み進めて全体の流れをつかみ、2度目は作成に
着手しながら、各ステップをじっくり行なってください。

① 全体像（1章・2章）

- マニュアル作成に関する全体像を理解する
- マニュアル作成の企画のたたき台を5W1Hで見える化する

② 準備（3章）

- 業務全体を見える化し、マニュアル化業務の優先順位を決める
- マニュアルの骨組みを言語化する

③ 作成（4章・5章）

- わかりやすさ、更新しやすさを検討する
- マニュアルをパソコンでデータ化する

④ 活用（6章）

- マニュアルの更新・管理方法を決める

CHAPTER 1

「こんなマニュアルが あったらいいな」を カタチにしよう！

「さぁ、マニュアルをつくろう！」

しかし、いきなりパソコンの前に陣取っても、作成の手は進まないでしょう。私たちは、業務については先輩や前任者から教わっていても、マニュアルのつくり方は教わっていないからです。

つまり、「業務を実行できる≠マニュアルを作成できる」なのです。

まずは、マニュアルの作成サンプルを見ながら、つくりたいマニュアルのイメージをふくらませましょう。

01

マニュアル作成のサンプル

　マニュアル作成は準備が肝心！　とは言っても、ゴールのイメージが漠然としていては、つくるエネルギーもチャージできません。これからご紹介するサンプルを通して、つくりたいマニュアルのイメージを描きましょう。

　いまの段階では、作成したいマニュアルの型・タイプを決定しなくても大丈夫。「こんなに種類があるんだ」「私の部署もこんな感じがいいかな」とイメージを持つだけで OK です。

| 【SDM 接遇マニュアル】 | 対象部署： 東京本社・大阪本社 |

| 共 00-14 | ［業務名］ | 電話応対（取り次ぎ） |

| ［業務の定義］（目的・内容） | ［備品・道具］ |
| お客様からの電話の名指し人が不在の場合に対応する | ビジネスフォン、電話メモ、筆記具 |

	状況	トーク	POINT
1	受話器を取る	お電話ありがとうございます。 SDM の〇〇でございます。	
2	お客様の会社名、名前、名指し人の名前と部署名を復唱する	（会社名）の（名前）様でいらっしゃいますね、 いつもお世話になっております 〇〇でございますね。お繋ぎ致しますので、少々お待ちくださいませ	お客様の会社名、名前、名指し人名をメモする
3	※1 ①［保留］を押す ②名指し人に取り次ぐ	※2 ①［保留］を押す② ［オート転送］で転送先を指定する ③名指し人に取り次ぐ		※1［保留］ 直接声掛けして取り次ぐ場合 ※2［オート転送］ 別フロア、倉庫に繋ぐ場合
4	名指し人に、電話の相手を伝える	〇〇株式会社の〇〇様からお電話です。 お願い致します	お客様の会社名、名前を伝える（内容を伺ったときは、漏れなく伝える）
5	【名指し人不在の場合】 不在の旨を伝える	申し訳ございません。 【不在】 〇〇は只今、席を外しております 【休み】 本日は休暇を取っております	
6	①用件を聞く or ②かけ直す ①②とも連絡先を伺い、名前、会社名（①用件）を復唱する	よろしければ ①代わってご用件を承りましょうか？ ②後ほどこちらからお電話を差し上げましょうか？	聞き漏れのないように、メモを取りながら聞く
7		復唱いたします「　　」ということでございますね 私〇〇が確かに承りました ありがとうございました 失礼いたします	（用件を要約して復唱確認）

作成日：2021年6月24日　　更新日：2021年4月1日　　　　　　　作成者：大竹　承認者：篠田

❷ マニュアル作成（総務・企画）

SO-01　業務マニュアル作成の手引き

業務目的		使用する備品・データ		
テンプレートに基づいた、共通仕様の業務マニュアルを作成する		マニュアルテンプレート.dotx マニュアル管理リスト.xlst		
ポイント	作業サイクル	担当		所要時間
新規作成時は、完成度より作成スピードを優先する	6月中旬～末	部署のマニュアル担当		～120分

目次

1　新規マニュアルの作成

1.1　マニュアルテンプレートから新規文書を作成する

(1)　「マニュアルテンプレート」ファイルをダブルクリックして、新規作成する
　　　⇒タイトルバーに「文書1」と表示されることを確認する

(2)　「表題」を削除し、マニュアルのタイトルを入力する
　　　タイトルは、「業務一覧表」の「業務名」を使用する

16

1.2 名前を付けて保存する

(1)　［ファイル］－［名前を付けて保存］でファイルを保存する
　　ファイル名：「管理番号＋業務名」
　　保存先：業務サーバー内⇒「業務マニュアル」フォルダ⇒「部署名」フォルダ

2　マニュアルへの入力

2.1 ヘッダーを入力する

(1)　ヘッダーをダブルクリックして編集状態にする

(2)　「更新者」「承認者」のセルに入力する

(3)　「更新日」は、日付をクリック後、▼をクリックしてカレンダーから入力する

2.2 文字列を入力する

(1)　文字列を入力、またはコピーして貼り付ける。
　　［貼り付け］は、右クリックでショートカットメニューを表示して［貼り付けのオプション］⇒［テキストのみ保持］を選択する

❸ 会議準備リスト

会議準備リスト

会議名			
会議実施日		時間	
場所		担当者	

	日程の目安	予定日	実施日	完了	項目（準備の目安）	備考
事前	14 日前まで	/	/	☐	対象者へアジェンダ通知	
	7 日前まで	/	/	☐	出席者の確認	
	7 日前まで	/	/	☐	会議室/Web 会議システムの予約	
	7 日前まで	/	/	☐	プロジェクター、PC、接続ケーブルの予約	
	7 日前まで	/	/	☐	マイク・スピーカーの予約	
一週間～会議前日まで	5 日前まで	/	/	☐	議事次第、進行予定表、参加者リスト素案作成	
	4 日前まで	/	/	☐	役割（司会、議長、記録など）の確認	
	3 日前まで	/	/	☐	ホワイトボードマーカー（黒・赤・青）のインク注文	
	3 日前まで	/	/	☐	テーブル、イスの数（出席予定数より多めに準備）	
	3 日前まで	/	/	☐	テーブルレイアウト（教室、島、サークル 他＿＿＿＿）	
	3 日前まで	/	/	☐	看板、案内札、席札の準備	
	2 日前まで	/	/	☐	リマインドメール作成・送信	
	2 日前まで	/	/	☐	配布資料のファイル送信	
	前日まで	/	/	☐	議事次第、進行予定表、参加者リスト変更反映	
当日～会議開始まで	1 時間前まで	/	/	☐	マイク・スピーカーの設営／Web 会議システム動作確認	
	1 時間前まで	/	/	☐	プロジェクター、PC、接続ケーブルの設営・動作確認	
	30 分前まで	/	/	☐	看板、案内札、席札の設営	
	30 分前まで	/	/	☐	ホワイトボードの清掃	
	30 分前まで	/	/	☐	テーブルの設営	
	30 分前まで	/	/	☐	室内の環境（換気・照明・空調など）の確認	
	開始まで	/	/	☐	追加資料のファイル送信	
	開始まで	/	/	☐	出席チェック	
会議中	適宜	/	/	☐	室内環境（換気・照明・空調など）／ネット接続の調整	
	適宜	/	/	☐	追加準備物の確認	
会議終了後	終了すぐ	/	/	☐	忘れ物（テーブル上・下、椅子）のチェック	
	終了すぐ	/	/	☐	プロジェクター、PC、マイクなど備品の片づけ	
	終了すぐ	/	/	☐	会議室の原状復帰（テーブルレイアウトなど）	
	終了すぐ	/	/	☐	換気・清掃・除菌（机上、ドアノブ）	
	退室時	/	/	☐	空調・照明の電源の切り忘れ、戸締りの確認	
	1 週間以内	/	/	☐	議事録の作成・承認→参加者へ配布	

❹ 月次売上レポートの作成（営業）

業務No.	10501	月次売上レポートの作成

業務目的		使用する備品・データ	
月次処理時に、販売データベースから売上報告書を作成する		販売データファイル.xlsx	
ポイント	作業サイクル	作業適任者	所要時間
ファイル名「売上報告書（20**年05月）」で保存する yyyy年mm月で表記する（数値とかっこは半角）	月末	営業事務	20分

	図表	作業手順・POINT
1	ファイル ホーム 挿入 ページレイアウト 数式 データ ピボットテーブル テーブル　図 クリップアート 図形 SmartArt スクリーンショット テーブル　　　　　　　図	● 「売上データ」シートの、テーブル内のセルを選択する ● ［挿入］タブ⇒［テーブル］⇒［ピボットテーブル］をクリックする
2	ピボットテーブルの作成 分析するデータを選択してください。 ● テーブルまたは範囲を選択(S) 　テーブル/範囲(T): 売上一覧 ○ 外部データソースを使用(U) 　接続の選択(C)... 　接続名: ピボットテーブルレポートを配置する場所を選択してください。 ● 新規ワークシート(N) ○ 既存のワークシート(E) 　場所(L): 　　　　　　OK　　キャンセル	● ［テーブル/範囲］ボックスに、テーブル名「売上一覧」と表示される ● [OK]をクリックする
3	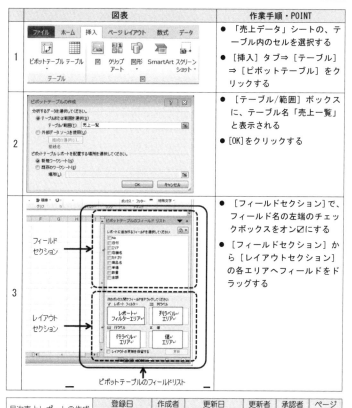 フィールドセクション レイアウトセクション ピボットテーブルのフィールドリスト	● ［フィールドセクション］で、フィールド名の左端のチェックボックスをオン☑にする ● ［フィールドセクション］から［レイアウトセクション］の各エリアへフィールドをドラッグする

月次売上レポートの作成	登録日	作成者	更新日	更新者	承認者	ページ
	2020/11/17	宮井	2021/11/18	井上	奥野	1/1

❺ 社員の入社準備（人事）

2021 年 8 月 15 日（総務：伊藤）更新

従業員入社までの手続き

業務の目的：　入社の準備・手続きを行う
作業者：総務部人事担当

1. 入社手続き前の準備　（所要時間：半日）

 (1) 雇用部署担当者に「氏名」と「入社日」を確認する
 (2) 『入社手続き一覧』を送付し、入社までの準備と持参物を連絡する
　　① 入社日までに確認してもらうこと
　　　　・ 1 ヶ月分の通勤定期代の金額
　　② 事前に渡しておくもの
　　　　・ 身元保証契約書
　　③ 入社日に持参してもらうもの
　　　　・ 身元保証契約書
　　　　・ 免許・資格合格証の写し
　　　　・ ○○銀行△△店の通帳の記号番号
　　　　・ 年金手帳の番号が記載されたページの写し
　　　　・ 雇用保険者証の写し

 (3) 書類を準備する（「入社書類チェックリスト」を使用）
　　　　・ 身元保証契約書
　　　　・ 秘密保持に関する誓約書
　　　　・ 通勤費申請書
　　　　・ 免許・資格届表
　　　　・ 口座振替依頼書
　　　　・ 雇用保険資格取得届（①・②・③・⑤・⑥記入）
　　　　・ 給与取得者の扶養控除等申告書
　　　　・ 健康保険被扶養者届（扶養者有りの場合のみ）

 (4) 貸与物を準備する
　　① 社章・名札：全員貸与
　　② ロッカー鍵：更衣室のロッカー
　　③ ID カード作成
　　　　・ ID カード貸与表にカードNo、社員番号、氏名を記載する

2. 入社日の手続き　（所要時間：2 時間）

 (1) 1-(2)-③を、提出してもらう
 (2) 記載事項に漏れ、間違いないか確認する
 (3) 社章・名札・ID カード等を貸与する（受領印要）
 (4) 以下のことを説明する
　　　　・ ID カードの使い方
　　　　・ 勤務時間・昼休み・タイムカード

1 / 3

20

❻ 朝食会場の満席案内（ホテル接客）

【ホテルあまくさ　接客マニュアル】		対象部署：料飲部サービス課	
作成日：2021年3月10日　　作成者：今田		承認者：太田	

R01003	［業務名］	朝食：ウェイティング（満席時の案内）

［業務の定義］（目的・内容）	［備品・道具］
満席時に待ち順を整理し、混乱せずにご案内する	番号札・ウェイティング表 筆記用具・インカム

出来映え基準・チェックポイント	レベル	作業適任者	作業サイクル
お客様の来店順にご案内する 待ち時間を出来るだけ短くご案内する	2	アテンド担当	朝食時間 発生都度

	実施事項	POINT	備考（図・写真）
①	・「申し訳ございません。ただいま満席でございます」 ・番号札を渡す（番号順） ・「席が空き次第ご案内させていただきます」	・朝食券を受け取る	**1** お待たせしております。 お席が空き次第くらく、ご案内いたします。 おそれいりますが、もうしばらくお待ちください。 I'm sorry to keep you waiting, but it will take about a few more minutes before I can lead you to your table. Thank you for your patience.
②	・ウェイティング表に記入する	・人数・部屋番号、その他要望あれば記入する ・ホールスタッフへインカムで連絡する 「○名様、○組お待ちです」	ウェイティング表
③	・ホールスタッフによる席のリセットが完了したことを確認し 「○○番のお客様」 「大変お待たせ致しました。ご案内いたします」 ・番号札を回収する	・ホールスタッフより「○番卓空きました」というインカムが入る ・該当番号を案内する際に、ウェイティング表にチェックを入れる	
④	・インカムにより、ホールスタッフへ案内を依頼する	・インカムにより、「案内席番号・お客様人数・ウェイティング番号」を伝える	

❼ 年末調整のフロー（社労士事務所）

年 末 調 整	2021 年 11 月 20 日更新
	更新者：酒井

全体の流れ

日程の目安	ワークフロー	チェックポイント
11 月	税務署から顧問先に年調の書類が届く	
↓		
11 月	メールで顧問先に年末調整のご案内	共有サーバの[メールテンプレート]フォルダーのテンプレート(年末調整のご案内)を使う 記入見本もあるので、必要なときはメール添付
↓		
11 月〜12 月	年調書類を送ってもらう	受領 3 日以内に、書類に不足がないかを確認 受領 5 日以内に内容確認
↓		
11 月〜12 月	給与計算システムに年調データを入力	※入力後の[登録]ボタンの押し忘れに注意！
↓		
11 月〜12 月	入力チェック（印刷→W チェック）	不足書類があれば、会社に連絡
↓		
	12 月給与または 1 月給与に反映	
↓		
1 月末	給与支払報告書を市町村に提出	税務署提出用は顧問先に送る

年末調整の対象者

① 12 月 31 日時点で在籍している
② 扶養控除申告書の提出者

22

❽ ファイル・フォルダー運用（システム）

IT 推進部 IT-MA02
2021 年 6 月 16 日更新

ファイル・フォルダー運用マニュアル

情報の管理・共有を目的として、ファイル・フォルダーは以下の方法で運用する。

1) 第 2 階層まではフォルダーのみ保存する
　　第 1 階層：「各部署」フォルダー、「社内共通」フォルダー
　　第 2 階層：「各課」フォルダー、「部署共通」フォルダー

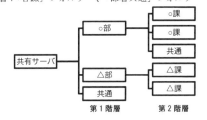

2) ファイルは第 3 階層以降に保存する

3) 各階層に「ごみ箱」フォルダーを作成する
　　※不要・不明なファイル・フォルダーは削除せず「ごみ箱」へ移動する
　　※「ごみ箱」フォルダーは、年度末（3 月末）に、担当者が整理する

4) ファイル・フォルダー名には、次の文字種を使用する
　　全角文字：漢字、ひらがな、カタカナ
　　半角文字：数字、アルファベット

5) 第 3 階層のフォルダー名は、「2 桁の連番+半角アンダーバー」からはじめる
　　例）01_フォルダー名、02_フォルダー名、11_フォルダー名

6) 第 3 階層以降のフォルダー（ファイル）名は、「日付 6 桁+半角アンダーバー」からはじめる
　　例）210810_フォルダー（ファイル）名
　　※例外）顧客名フォルダーは日付不要

7) 作成途中のファイル名の末尾に、「半角アンダーバー+バージョン番号 2 桁」を付ける
　　例）210705_展示会_01

以上

❾ 業務フローチャート

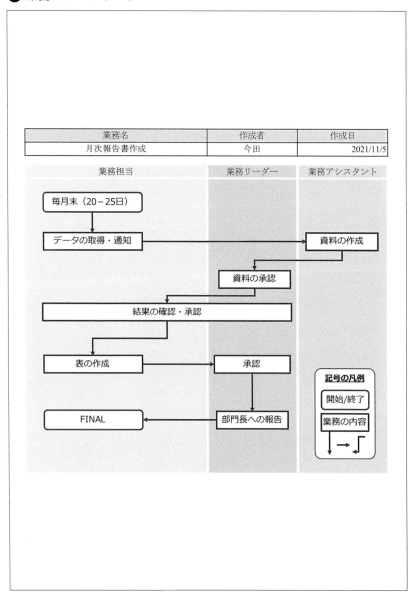

業務名	作成者	作成日
月次報告書作成	今田	2021/11/5

業務担当	業務リーダー	業務アシスタント
毎月末（20－25日）		
データの取得・通知		資料の作成
	資料の承認	
結果の確認・承認		
表の作成	承認	
FINAL	部門長への報告	

記号の凡例

開始/終了

業務の内容

→ ⌐

❿ 在宅業務 Q&A

在宅業務 Q&A	更新日	更新者	承認者	ページ
	2021/11/14	本庄	坂本	1 / 8

在宅業務 Q&A

No.	カテゴリ	Q	A
1	ネットワーク接続	インターネットにつながりません	**有線接続の場合** ➢ LAN ケーブルは正しく接続されていますか？ 　ケーブルを接続しなおしてみましょう ➢ LAN ケーブルは破損していませんか？ 　ケーブルを変えて、接続してみましょう
2	ネットワーク接続	インターネットにつながりません	**Wi-Fi 接続の場合** ➢ ネットワークは正しく選択されていますか？ 　Wi-Fi の接続先を確認しましょう 　⇒インターネット接続マニュアル（5 ページ） ➢ ルーターのアクセスランプは点灯していますか？ 　ルーターを再起動してみましょう 　⇒インターネット接続マニュアル（7 ページ）
3	Web 会議	音声が聞こえません	**外付けヘッドセット・ヘッドフォン・マイクの場合** ➢ ケーブルは接続されていますか？ 　⇒接続をやりなおしてみましょう ➢ 電源は入っていますか？ 　⇒電源スイッチを確認しましょう 　⇒バッテリーを確認しましょう
4	Web 会議	音声が聞こえません	➢ Web 会議アプリのコントロールバーの一番右側のマイクアイコンがオフ（斜線）になっていませんか？ 　⇒アイコンをクリックしてマイクをオンにします

25

「引き継ぎ」だけじゃないマニュアルの3大効果

　マニュアルは知恵とノウハウが詰まった宝物。いわば「組織の財産」です。

　マニュアルが活躍する場面といえば、まず業務の「引き継ぎ」が思い浮かびますが、マニュアルは引き継ぎのタイミング以外にも、多くの場面で力を発揮します。

　マニュアルの重要性を、活躍の場面から確認しましょう。

■マニュアルがもたらす3大効果

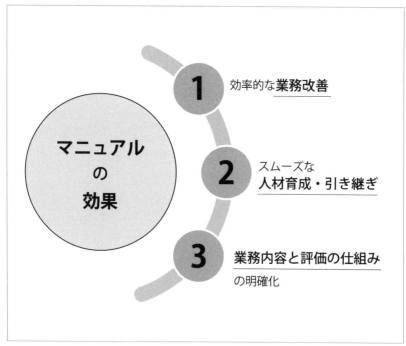

マニュアルの効果

1 効率的な**業務改善**

2 スムーズな**人材育成・引き継ぎ**

3 **業務内容と評価の仕組み**の明確化

■■ ① 効率的な業務改善

マニュアルをつくりながら効率的に業務改善ができる

　メンバーの頭のなかだけにある業務の種類や進め方が、マニュアルをつくる過程で「**見える化**」されます。見える化されると、客観的に見ることができるので、ムリ・ムダ・ムラが明らかになります。明らかになったムリ・ムダ・ムラに工夫を加えてよくしていくことは**改善そのもの**です。つまり、マニュアル作成と同時に、一石二鳥で改善ができてしまうのです。

■■ ② スムーズな人材育成・引き継ぎ

マニュアルを使うと人材育成・引き継ぎがスムーズになる

　マニュアルを使わない口頭だけの引き継ぎでは、ヌケ・モレが発生しやすいだけでなく、教える順序が場当たり的になって、教わる側が業務の全体がつかめず、習得スピードも鈍ります。マニュアルをベースにすると、**教える側の負担も軽くなり、育成もスムーズ**です。

■■ ③ 業務内容と評価の仕組みの明確化

マニュアルをベースに、業務内容と評価基準を共有できる

　マニュアルをベースとして、「なにを・誰が・どこまでできるのか」を見える化すると、チームメンバーのスキルマップが作成できます。

　リーダーや管理者は、スキルマップを基にして**客観的に評価や**

■ スキルマップの作成例

スキル / 作業 / 工程	メンバー名				
	A さん	B さん	C さん	D さん	E さん
研修プログラム作成	◎	◎	○	—	—
提案資料作成	◎	△	△	—	—
テキスト作成	◎	○	○	◎	○
スライド資料作成	◎	○	○	○	—

◎：指導できる　○：1人でできる　△：フォローがあればできる　—：未経験

面談を行なうことができ、スキルと負荷を考えた有効な業務分担が可能になります。

　メンバーは、マニュアルと照らし合わせることで、自分ができることが明確になって業務に対する自信が持てると同時に、スキルマップで目標設定の対象が明確になります。評価に対する納得度も高まります。

　人材の育成だけでなく、定着にも効果が生まれます。

　特定の「誰か」が知恵とノウハウを抱え込んだままでは、品質が一定しないばかりか、いつどうなるかの不安が拭えません。

　知恵とノウハウを、マニュアルという見える形で共有することで、**「働く人と組織が活きる環境」**が整います。

03 マニュアルは「やるべき基準」を明らかにする

「働く人と組織が活きる環境づくり」のために、マニュアルで標準化しておきたい3つの要素があります。

標準化によって、人や時によるバラつきのムラがなくなり、安定した品質のサービス・製品の提供が可能になります。

■業務標準のための3要素

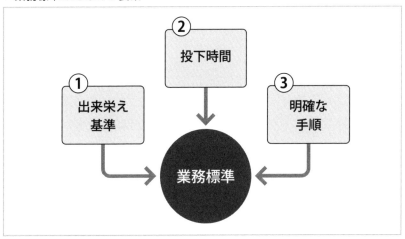

■■ ① 出来栄え基準

出来栄え基準とは、業務が完了したときの仕上がり像やサンプルのことです。業務の成果物が帳票ならスキャンした画像、システムなら入力が完了した状態のスクリーンショット（スクショ）を記載します。

それぞれの業務の**「あるべき姿＝ここまでやる」という基準**を明らかにすることで、業務の品質を担保します。マニュアルの利用者は、出来栄え基準と照らして、仕上がりを確認することができます。

出来栄え基準には、**業務の過剰品質**を防ぐ役割もあります。

限られた業務時間を有効に使うには、「手間のかけすぎ、やりすぎ」を防ぐことも必要です。業務の目的に適った出来栄え基準をマニュアルで共有することで、過剰品質にストップをかけることができます。

▪️② 投下時間

業務開始から完了までの「時間」の記載がないと、手順が同じでも投下時間の個人差が見えなくなって、時間当たりの生産性が測れません。

投下時間を記載するねらいは、「時間を意識」して業務に取り組むこと。時間を意識することで、段取りの精度が上がります。

間接業務などで、毎回条件が異なり、標準を決めにくい業務の場合は、投下時間を**「目安の時間」**と捉えて、「10分〜20分」など幅のある表記でも構いません。おおよそでも時間を記載して空欄にしないことで、時間意識が高まります。

在宅勤務では、出社のとき以上に個人の**タイムマネジメントのスキル**が問われます。「どのくらいの時間をかけて」完了に至るかも、チームで共有したい標準化の項目です。

■ ③明確な手順

　1.2.3.……とナンバリングして記述される業務の**手順（ステップ）**は、マニュアルに必須の要素です。

　複数メンバーで同じ業務に携わっている場合は、ひとりの手順をそのままマニュアルに記載すると、「自分のやり方と違うから」とマニュアルが使われなくなりがちです。

　各メンバーの手順を見える化して、すり合わせを行ない、**標準化した手順**をマニュアルに記載します。

> ▶**マニュアルは組織の財産**
> ・マニュアル作成は業務改善そのもの
> ・引き継ぎの必須アイテム、人材定着にも有効
> ・業務内容の見える化は、リーダーとメンバー双方に効果
> 　あり
> ▶**マニュアルに記載する業務標準の3要素**
> ・出来栄え基準
> ・投下時間
> ・明確な手順

　さて、現状を踏まえた等身大のマニュアルを作成するために、2章に進む前に、現状を明らかにしておきましょう。

「あなたの"組織・部署・チーム"のマニュアル作成・活用の現状は？」

　あなたひとりだけの考えでなく、ぜひチームメンバーと一緒に、次の質問に答えてください。

マニュアルがありますか？　　　ある　or　ない

「ある」場合、マニュアルは活用されていますか？

「ある／ない」にかかわらず、マニュアル関連で困りごとは？

CHAPTER

2

マニュアル作成を
企画する

　マニュアル作成の第 1 の法則は「『マニュアルは小さくつくって、使いながら育てましょう』」です。

　では、第 2 の法則は、「いきなりつくりはじめない」です。もちろん思い立ったが吉日なのは、マニュアル作成でも言えますが、思い立っていきなりスタートせず、まずマニュアル作成全体を眺めるところからはじめましょう。

　本章では、マニュアル作成の全体を 5W1H で俯瞰します。

01 マニュアル作成の企画も「5W1H」

　いろいろな場面で活躍する「5W1H」は、マニュアル作成の企画にも使えます。

　「マニュアル作成スタートアップシート」は、マニュアル作成の"1枚見える化"の企画書です。本章を読み進めながら、空欄を埋めていきましょう。

　この企画書はあくまで、**たたき台、原案、草案、試案、ドラフト**です。記入したシートは、部署・チームメンバー・上司と共有し、どんどん修正して磨いていきます。

■マニュアル作成スタートアップシート

Why なぜ	背景（現状）	
	目的	
Who 誰が	利用者	
	作成者・メンバー	
Where どこで	作成場所・作成単位 （部署・地域）	
What なにを	作成の対象業務	
When いつ	実施期間（第1期）	＿ヶ月
	実施予定（第1期）	＿年＿月＿日～＿年＿月＿日
How どのように	作成形態	□複数ページ（目次） □シート（表） □チェックリスト □帳票サンプル □FAQ □動画 □スライド

　　　　　　　　　　　　　　　　2章⇒マニュアル作成スタートアップシート.docx

Why ▶ なぜ、マニュアルを つくるのか？

　マニュアル作成を考えるとき、最初に登場する 5W1H は「Why」です。

　なぜなら、「いま、なぜ、何のためにマニュアルをつくるのか？」を共有することこそが、マニュアル作成のスタートだからです。

　「ないからつくる」ではなく、**「マニュアルをつくって使うことで、どんな未来を実現したいのか？」** というマニュアル作成の目的を明確にしましょう。

　マニュアルを作成することは、目的を実現するための手段です。手段が目的になっては、**つくって終わりの残念マニュアル**になりかねません。

　また、目的が定まっていても、作成メンバーに共有されていないと、つくることに前向きになれず、マニュアル作成が余計な仕事として負担になり、マニュアルの質に影響します。

　目的の背景となる「現状」も、共通認識を持つために、マニュアル作成スタートアップシートに記載しましょう。**現状をどのように捉えているか、なにを問題と感じているかは、役職や立場、キャリアによって異なります。**

　ひとりよがりなマニュアル作成に陥らないために、目的を明らかにして共有するところからはじめます。

03 Who（使う人）▶ターゲット ユーザーの視点に立つ

Who（誰が）は、マニュアルに関する登場人物です。Who には、**立ち位置の違う「使う」と「つくる」という人物**がいます。

ここでは、「誰が使う？」の Who から見ていきましょう。なぜなら、多くのマニュアル作成の場面では、誰がつくるかにスポットが当たり、**使う人（利用者、ユーザー）が置き去りにされがち**だからです。

この業務のマニュアルを使うのは、誰なのか？

マニュアルをつくる側は、「誰でも使えるマニュアルをつくりたい」と欲張ってしまいます。上司からも「誰でも使えるように、いいマニュアルを頼むよ」との声がかかります。確かに、誰でも使えるマニュアルは理想なのですが、「誰でも」と欲張ると、「どこまで詳しく記載したらいいのか？」と、つくり手はアリジゴク状態に陥ってしまいます。

そこで、「このマニュアルを一番使いこなしてほしいのはどんな人か？」という**「ターゲットユーザー」**を絞り込みましょう。

新入社員向けなのか、業務経験3年以上の習熟者向けなのか、「ターゲットユーザー」が明らかだと、つくり手の悩みも軽減されます。

使う側も、「新人向けだから、こんなに細かいステップに分けているのか」「有資格者向けだから、ここからはじまっているのか」と、記載内容への納得感が高まります。

ユーザーが明らかになると、マニュアルを「何のために・いつ・どこで」使うかが具体的になり、ユーザーの状況を想像して作成を進めることができます。

■ターゲットユーザーを決めて見える化する

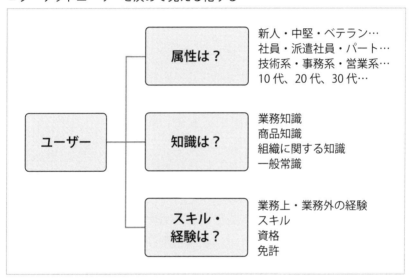

■ユーザーが使う場面を想像しながらつくる

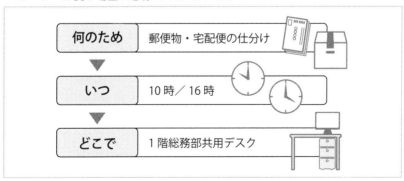

37

04 Who（つくる人）& Where（どこで）▶ ひとりぼっちでつくらない

Who（誰が）のもうひとつは、「つくる人」、つまり作成メンバーです。

あわせて考えたい Where（どこで）は、本社・支社、総務部・営業部、東日本・西日本など、マニュアルを作成・利用する単位や範囲です。

ここで、「マニュアル作成あるある」の登場です。例えばこんな状態でつくっていませんか？

・マニュアルの必要性を感じた人が黙々とひとりでつくっている
　➡マニュアル作成はボランティアではありません

・新入社員が引き継ぎを受けながらつくっている
　➡マニュアルがない状態の引き継ぎで、新入社員が業務の全体像を理解しないままつくるのは危険です

・パソコンが得意だからと依頼された人がつくっている
　➡NG ではないのですが、つくり込みすぎに注意が必要です。高度な機能満載だと、更新の難易度が上がって多くの人は手が出せません

なにより、「ひとりぼっち」の状態でつくったマニュアルは、

そのつもりはなくても**属人化しやすく、つくった人（だけ）がわかる・使えるマニュアル**になってしまいます。組織のマニュアルにするためにも、周囲を巻き込んでつくりましょう。

周囲を巻き込むポイント
- ボランティアでなく、業務として取り組む
- 作業時間をチームで確保する
- プロジェクト形式で、役割を決める

■ 周囲を巻き込んだマニュアル作成展開例

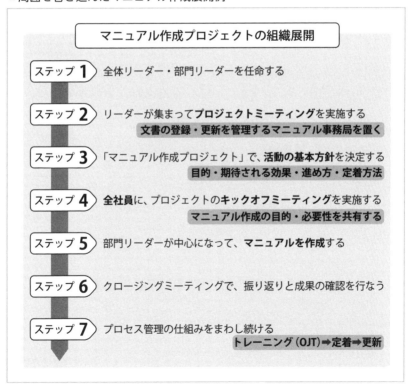

マニュアル作成プロジェクトの組織展開

ステップ **1**	全体リーダー・部門リーダーを任命する
ステップ **2**	リーダーが集まって**プロジェクトミーティング**を実施する **文書の登録・更新を管理するマニュアル事務局を置く**
ステップ **3**	「マニュアル作成プロジェクト」で、活動の**基本方針**を決定する **目的・期待される効果・進め方・定着方法**
ステップ **4**	**全社員**に、プロジェクトの**キックオフミーティング**を実施する **マニュアル作成の目的・必要性を共有する**
ステップ **5**	部門リーダーが中心になって、**マニュアル**を作成する
ステップ **6**	クロージングミーティングで、振り返りと成果の確認を行なう
ステップ **7**	プロセス管理の仕組みをまわし続ける **トレーニング（OJT）➡定着➡更新**

「周囲の巻き込み」を中心にしたマニュアル作成プロジェクトの展開例を解説します。

> ステップ**1** 全体リーダー・部門リーダーを任命する

リーダーは手上げ式でも上司からの指名でも OK ですが、**任命時に上司がリーダーへの期待を伝える**ことが必須です。リーダーの孤立を防いで負担を軽減するために、サブリーダーも任命しましょう。

> ステップ**2** リーダーが集まってプロジェクトミーティングを実施する

組織全体で取り組む例としてあげていますが、部署・チームに置き換えてもステップは同じです。部署・チームのなかで、「マニュアル作成中心メンバー」を決めて基本方針を協議します。

■■ マニュアル事務局

総務部など、文書の所管部門に置かれることが多いマニュアル作成プロジェクトの事務局です。マニュアル作成後は管理・更新を担います。

> ステップ**3** 「マニュアル作成プロジェクト」で、活動の基本方針を決定する

マニュアル作成の 5W1H を検討します。ポイントは、もちろん「Why（目的）」の明確化と共有です。

ステップ**4** 全社員に、プロジェクトのキックオフミーティング
を実施する

　キックオフミーティングを開催して、**マニュアルを使う人・つ
くる人を含む全社員**で、マニュアル作成の目的・必要性を共有し
ます。

　プロジェクトメンバーだけで粛々とつくられたマニュアルが、
ある日いきなり配られ、業務プロセスの変更を迫られる……。こ
れでは、使う側が活用しようとは思えず、マニュアルは使われず
にお蔵入りしてしまいます。

　キックオフミーティングは、"つくらないけど使う立場の人"
にもマニュアルに関する当事者意識を持ってもらう貴重なタイミ
ングなのです。

ステップ**5** 部門リーダーが中心になって、マニュアルを作成する
　ステップ５の詳細は、３章〜５章でじっくり紹介します。

ステップ**6** クロージングミーティングで、振り返りと成果の確
認を行なう

　プロジェクト期間が終了したら、活動を振り返って成果を確認
し、今後のマニュアル作成について検討します。

　成果を多面的に明らかにして共有することで、マニュアル作成
の継続・活用に前向きな意欲が引き出せます。

■マニュアルの成果を多面的に測定する

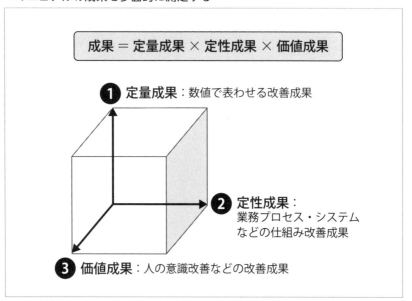

成果 = 定量成果 × 定性成果 × 価値成果

❶ 定量成果：数値で表わせる改善成果

❷ 定性成果：
業務プロセス・システム
などの仕組み改善成果

❸ 価値成果：人の意識改善などの改善成果

ステップ7 プロセス管理の仕組みをまわし続ける

　作成したマニュアルの活用ステップです。

　マニュアル作成の過程で業務が改善されると、プロセスや作業手順が変更になる場合も出てきます。新人・ベテランを問わず、マニュアルを使っての On-the-Job Training（OJT）をすることで、知識・スキルを磨いていきます。

■ もうひとりの Who

　Who を、つくる人・使う人の2つに分けてきましたが、実はもうひとりが存在します。

　会社なら社長、チームならチームリーダーなど、組織のトップ

が Who その人です。

「マニュアルを作成し、マニュアルに従って業務を実施する」ためには、トップのリーダーシップが欠かせません。トップのポジションパワーも動員して、組織としてマニュアルに取り組むことは、作成時の巻き込みはもちろん、マニュアルを使わない人対策にも効果があります。

使われるマニュアルのヒント

つくりはじめるところからまわりを巻き込むことで、マニュアルを使うことを動機付ける！

What（なにを）▶
まずは業務の見える化から

　What（なにを）は、マニュアル化する対象の業務です。

　企画段階のスタートアップシートに What を記載する目的は、対象業務を明らかにしてつくるイメージを共有することです。「このマニュアルからつくりたい」と思い浮かぶ業務をいくつか記載しておきましょう。おそらく、Why（なぜマニュアルをつくるのか？）と関連する業務の名前があがるのではないでしょうか。

　実際に、どの業務のマニュアルをどの順番で作成するかは、マニュアル作成の下ごしらえ、準備で決めていきます。

　マニュアル作成でありがちなのは、思い浮かんだ業務、目の前の業務をピックアップして作成を進めてしまうやり方です。これでは、出来上がったマニュアルが「点」の集まりになってしまいます。点と点ばかりのマニュアルでは、お互いに結びつかず、あるのかどうかわからないから使えないというもったいない状態を生み出してしまいます。

　点ではなく面として活用できるマニュアルにするには、**業務全体を俯瞰して洗い出しを行ない、マニュアル化する業務の優先順位を決めて対象業務（What）を選んで**から作成します。

　選んだ業務の見直し（改善）を加えた 3 段階が What を明らかにするマニュアル作成の準備です。

■ マニュアルの対象業務を明らかにする

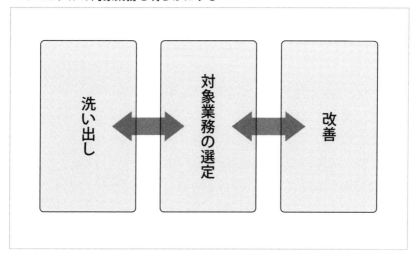

　３つをつなぐ矢印が両方向を向いているのは、準備を進めるなかで、行ったり来たりがあることを表わしています。対象業務を検討する段階で、洗い出しのヌケ・モレに気づいたり、業務を見直すなかで、マニュアル化する業務の順番が変わったり……。どんなにひとつの段階をパーフェクトにしたと思っても、ここでの手戻り作業はゼロにはできません。

　一段階を完璧に仕上げてから次に行くという進め方ではなく、スピード優先の考え方で、**進めながら検討を加えて**いきましょう。**目指すは、完成ではなく完走です。**

「洗い出し〜選定〜改善」の準備の詳細は３章で解説します。

06 When（いつ）▶プロジェクト 形式で作成期間を考える

マニュアル作成の When は、「いつからいつまで、どのくらいの期間で実施するか」です。

作成を進める流れを把握したうえで、使えるリソース（人・時間・予算）を鑑みて、When を決定します。

組織が続く限り、マニュアルの作成・活用は永続的・エンドレスの活動です。ゴールのないマラソンをスタートしたくないように、期間を決めない取り組みで予想されるのは、いつの間にかのフェードアウトと疲弊感だけです。

マニュアル作成は、2ヶ月、6ヶ月といったように期間を決めて取り組みましょう。10月スタートの6ヶ月間なら、3月末のゴールを目指して企画を考えて計画、実行します。6ヶ月間に必要とするマニュアルがすべて出来上がるとは限りませんから、この期間は、はじめてマニュアル作成に取り組む「第1期」です。

When の「どのくらいの期間で」を考えるヒントに、マニュアル作成プロジェクトを立ち上げて、組織で作成に取り組む流れを右図で示します。

マニュアル作成の期間に行なうことを、マニュアル作成プロジェクト（中心メンバー）と作成メンバー（全員）に分けて、2階建てで表わしています。

右の図は、39ページ「マニュアル作成プロジェクトの組織展

■キックオフミーティングからのスケジュール

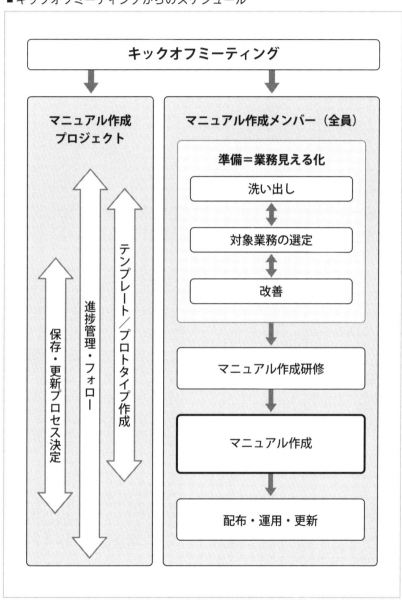

開」のステップ5「マニュアルを作成する」の内訳です。一番上の「キックオフミーティング」がステップ4です。

　作成メンバーは、「マニュアル作成の目的・必要性」をキックオフミーティングで理解・納得したところからスタートします。

　プロジェクトメンバーは、作成メンバーを支える縁の下の力持ちです。

■■ 作成メンバーの作業の流れ

　作成メンバーが行なうのは、**「準備⇒作成⇒運用」**です。

　準備と作成の間の「マニュアル作成研修」は、作成に必要な次の2つのムラをなくす（平準化）ための講習会です。

①データ化する際のパソコンスキル…アプリはなにを、どのように使うのか
②表現のルール…文末は「です・ます」なのか、「だ・である」なのか、など

　作成スキルの平準化によって、マニュアルの質が向上し、バラつきを修正する手間が省けます。

■■ プロジェクトメンバーの作業の流れ

　プロジェクトを支える中心メンバーの役割は大きく3つです。

①テンプレート（ひな型）とプロトタイプ（作成見本・サンプ

ル）をつくり、作成研修で使い方を伝える

② 作成メンバーが行なう「準備〜作成」の進捗管理（スケジュールの作成と進捗確認）と、進捗が思わしくない部署・メンバーのフォローを行なう

③ マニュアルのファイルをどこに保存し、更新はどのタイミングで行なうかなど、マニュアルの管理運用方法を検討する

■■ 「埋蔵マニュアル」にしない！　〜マニュアルの保存場所〜

マニュアルの保存場所が決まっていないと、どこにあるかわからない⇒探せない⇒使えない……、行きつく先は「埋蔵マニュアル」です。あるらしいけど、見たことがない……という残念なマニュアルにならないよう、保存場所とアクセスの手段を決めましょう。

共有サーバーでフォルダーを管理したり、社内 Wiki（情報共有ツール）などのグループウェアを活用したりと、アクセスする場所、費用、セキュリティを加味して考えます。

■■ 作成期間に占める「準備」時間

第 1 期マニュアル作成期間として 6 〜 10 ヶ月で取り組む場合は、準備に 3 〜 8 週間かけ、2 〜 3 ヶ月と短期間の場合は、2 〜 3 週間で集中して準備に時間を費やしましょう。

準備の充実がマニュアル作成の成功の鍵を握ります。すでに業務の見える化に取り組んでいる場合は、準備に費やす時間を短縮できそうですが、今回の見える化は「マニュアル作成」に向けた

準備なので、スタートラインは同じと考えてください。

　準備時間を除いた期間が、作成期間です。

▪▪ マニュアル作成は明日を創る仕事

　マニュアル作成を進める際に課題になるのが「作成時間の確保」です。担当業務にプラスしてのマニュアル作成ですから、「手が空いたら」「時間があるとき」では、先延ばしになり進みません。

　これまで、マニュアル作成をお手伝いしたなかで、進捗がスムーズだった時間のつくり方があります。それを **「ラジオ体操方式」** と名付けてみました。

　毎日、決まった時間に短時間（15 〜 30 分）、作成を進めます。もちろん、1 〜 2 時間まとまった時間を確保できるときは、集中して作成します。

　ある会社の経理担当の方は、「1 日のなかで電話や割り込みが少ないのがランチ前なので、11：30 から 30 分をマニュアル作成の時間と決めて、取り組みました」とおっしゃっていました。

　マニュアル作成以外にも応用可能な時間管理ワザです。

作成時間をつくるヒント

　一度に長時間ではなく、1 日 30 分を積み上げる！

07 How（どのように）▶マニュアルの形はひとつじゃない

▪▪ 目的に合わせて形と配布の形式を選ぶ

　複数のマニュアルサンプルを1章に掲載しましたが、ここで改めて、マニュアルの形について考えましょう。

　マニュアルといえば、家電製品の取扱説明書のような「表紙・目次・見出し・操作手順」から構成されている形を思い浮かべがちですが、それだけではありません。マニュアルを必要とする現場の状況・目的によって、適切な形を選びましょう。

■現状・目的から形を選ぶ

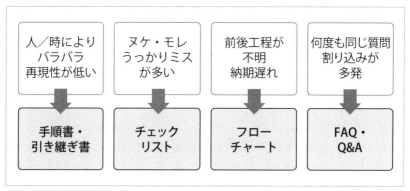

手順書・引き継ぎ書

　目的：業務の標準化、ノウハウの共有

　現状：同じ人でもときによって手順が前後するなど、業務が行き当たりばったりで、ノウハウが属人化し、再現性が低い

チェックリスト

目的：ミスゼロを目指す

現状：業務プロセスは理解できているのに、ヌケ・モレ・うっかりミスが多い

フローチャート

目的：部分最適から、流れを把握した全体最適へ

現状：担当業務の前後が把握できていないため、後工程へ影響が出ている

FAQ・Q&A

目的：お互いの時間を奪わない

現状：同じ質問が繰り返され、回答側の負担になっている

その他の形に、「動画マニュアル」があります。スマホで十分な画質が撮影できる現在、動作・姿勢・表情など、文章での説明が難しい箇所に取り入れていきたい形です。

動画の作成ポイントは、「短くつくる」ことです。長くて5、6分までとし、それを**超える場合は分割**しましょう。多い・長いマニュアルの分割は、動画以外でも同じです。

マニュアルを配布するときも、ユーザーが使う場面に合わせた形式を選ぶことで、活用頻度が上がります。

■ 使う形を選ぶ

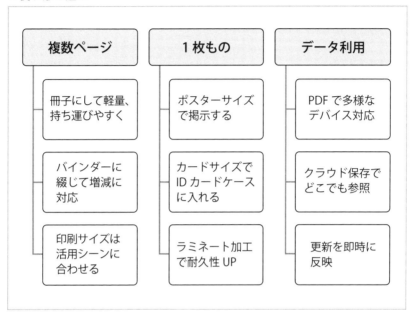

▓▓ 作成に使うツールを選ぶポイント

　組織内の PC に多くインストールされていて、利用者が多い Word、Excel、PowerPoint など汎用性が高いアプリを選べば、作成・更新に、多くのメンバーに参加してもらえます。一部のメンバーしか使えないツールを選ぶと、担当者に負担が偏りがちです。

　マニュアル専用のツール（アプリ、Web サービス）も販売されています。スマホで作成しクラウドで利用できるアプリや、管理・運用もできる多機能なサービスもあります。別途費用がかかりますが、予算と規模によっては検討の価値十分です。

2
章

▶**マニュアルを 5W1H で企画する**

・いきなりつくりはじめない

・5W1H でマニュアル作成の全体を俯瞰

▶**マニュアルの 5W1H**

Why（なぜ）：マニュアルを作成する目的は？

Who（誰が）：マニュアルのターゲットユーザーは？

Who（誰が）：ひとりぼっちでつくらない、作成する
　　　　　　メンバーは？

Where（どこで）：作成・利用する単位や範囲はどの部署・
　　　　　　　　地域？

What（なにを）：マニュアルを作成する対象業務は？

When（いつ）：作成の期間はどのくらい？いつからはじめる？

How（どのように）：目的に合わせてどのような形でつくる？

　次の2つのチェックポイントをクリアしたら、3章に進みましょう。

□**スタートアップシートの 5W1H は、検討しましたか？**

ドラフト（草案）ですから、確定でなくアイデアレベルで
OK です。空欄は仮置きでよいので埋めましょう。空欄（＝
見えない）では検討できません。

□**スタートアップシートは、周囲と共有しましたか？**

チームメンバー・上司と、スタートアップシートを共有し、
検討しましょう。一番のポイントは「マニュアルをつくる目
的」です。

マニュアル作成も
段取り八分

　マニュアル作成の全体像が明らかになって、つくるマニュアルのイメージが見えてきました。さっそく作成に取りかかりたくなりますが、ちょっと待った！

　カレーをつくるときに、皮をむかずに玉ねぎを鍋に放り込まないように、マニュアル作成も下ごしらえが肝心です。

01 マニュアル作成の準備 7つのステップ

　マニュアル作成の準備は、マニュアル作成の5W1Hの「What」（44ページ）で登場した「洗い出し〜対象業務の選定〜改善」の3段階を、さらに7つのステップに分けて下ごしらえします。

■準備の7ステップ

洗い出し

　ツリーで業務を俯瞰して見える化します。ツリーは周囲とすり合わせた後、リスト（表）にして情報を追加します。

対象業務の選定

　洗い出した業務のなかから、マニュアル化する業務を選びます。

改善

　マニュアル化する業務のプロセスを分解して、改善の視点で見直し、マニュアルの骨組みをつくります。

02

ツリーで業務を見える化する

■ ツリーで全体を俯瞰する

　準備の第1段階「洗い出し」はツリーの作成からはじめます。

　洗い出しの目的は、「業務の見える化」の先にある「マニュアル作成」の効果を高めることです。

　ツリーは、樹木（ツリー）の形の図表です。モノやコトを、木が枝分かれするように分解して表わします。

　ここでのツリーは、論理思考でおなじみのロジックツリーのなかでも、**「What ツリー」と呼ばれる要素分解のツリー**です。ツリーという階層構造を持つ図を用いて、業務の全体像を俯瞰します。マニュアル作成に着手する前から、定期的に「業務の棚卸し（洗い出し）」を行なっている場合も、改めてここからスタートしましょう。

　業務の洗い出し（棚卸し）というと、一覧表のリスト形式にすることが多いのですが、一覧表にすると、業務を一つひとつ積み上げる形になり、どこまで細かく洗い出せばよいか際限がなくなって迷ってしまいます。

　ツリーからはじめる理由はここにあります。自分の担当業務を、積み上げ式ではなく、ツリーでかたまりを一段階ずつ小分けにしていくことで、業務を客観的に眺めることができます。

　実務レベルで、担当業務に習熟していても、全体像やつながり

■業務ツリーのサンプル①

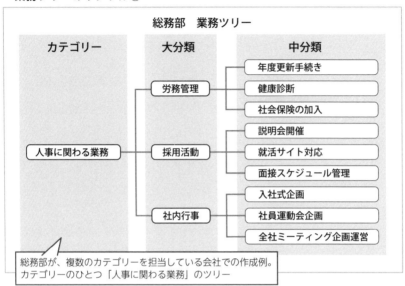

総務部　業務ツリー

カテゴリー	大分類	中分類
人事に関わる業務	労務管理	年度更新手続き
		健康診断
		社会保険の加入
	採用活動	説明会開催
		就活サイト対応
		面接スケジュール管理
	社内行事	入社式企画
		社員運動会企画
		全社ミーティング企画運営

総務部が、複数のカテゴリーを担当している会社での作成例。
カテゴリーのひとつ「人事に関わる業務」のツリー

■業務ツリーのサンプル②

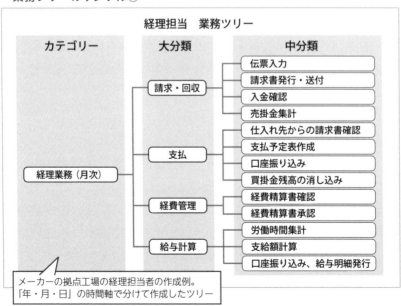

経理担当　業務ツリー

カテゴリー	大分類	中分類
経理業務（月次）	請求・回収	伝票入力
		請求書発行・送付
		入金確認
		売掛金集計
	支払	仕入れ先からの請求書確認
		支払予定表作成
		口座振り込み
		買掛金残高の消し込み
	経費管理	経費精算書確認
		経費精算書承認
	給与計算	労働時間集計
		支給額計算
		口座振り込み、給与明細発行

メーカーの拠点工場の経理担当者の作成例。
「年・月・日」の時間軸で分けて作成したツリー

が把握できていない状態でマニュアル作成に進んでは、視野が狭いマニュアルになりかねません。

ツリー作成のポイント

- ・A4用紙1枚を1カテゴリーとして、大分類、中分類と左から右へ、かたまりをほぐすように分解する
- ・カテゴリーは、担当業務のなかで「〇〇業務」「〇〇に関する業務」と記載して違和感がない業務を選ぶ
- ・ツリーの整合性やヌケ・モレにはこだわらず「業務担当の頭の中の見える化」の第1弾として、ラフスケッチとして作成する

キックオフミーティングからの取り組み第1弾のため、ついツリーの細部にこだわってしまいたくなりますが、前のめりになりすぎると続きません。マニュアル作成は息の長い取り組みです。

ここでも、「ラジオ体操方式」で、「業務ツリー作成・1週間チャレンジ（1日20分×5日）」を実施するのはいかがでしょうか。

ツリー作成担当者の負担が重くなりすぎない範囲で、業務見える化のファーストステップを踏み出しましょう。

ツリー作成のヒント

まずは、ラフスケッチ。いきなり完璧を目指さない！

小分類

中分類に含まれる小分類が気になりますが、ツリーはカテゴリー・大分類・中分類の3階層にとどめます。ツリー作成のねらい

は、「**担当の業務を俯瞰して把握すること**」。ざっくり俯瞰するからこそ、ツリー作成ステップ2の「すり合わせ」が機能します。

小分類は、すり合わせた後に「業務リスト」で可視化します。

▓▓ 「手書き」がおすすめ

ツリー作成は、手書きスタートがおすすめです。データ化は、部署・チームで手書きツリーをすり合わせた後に行ないます。はじめから Excel のセルや Word や PowerPoint の図形機能を使ってデータにすると、修正の手間がかかります。

それ以上に、データとして見栄えが整っているため、修正不要な「完成版」に見えて、すり合わせがやりにくくなります。

白紙は自由度が高い分、どこから手を付けてよいか迷うので、ツリーの枠だけのテンプレートを印刷して書き込みましょう。

■業務ツリーテンプレート

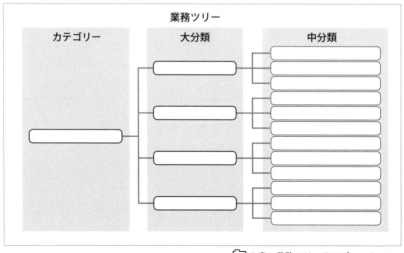

🗋 3章⇒業務ツリーテンプレート .docx

ツリーをすり合わせる

■■ ツリーの共有で見えてくる3つのズレ

　担当業務を各自がツリーに書き出したら、部署やチームで「すり合わせ」を行ない、「ズレ（相違点）がないか」を明らかにします。

　すり合わせを行なうと、業種・職種にかかわらず、3つのズレが見えてきます。

①**階層のズレ**

　ツリーの第1階層、第2階層……と、同じ項目でも人によって階層が異なる**業務の粒度のズレ**

②**分類のズレ**

　同じ階層の業務でも、属する上位階層が異なる**分け方のズレ**

③**名前のズレ**

　同じ業務でも、呼び方が異なる**命名のズレ**

　ズレを放置したまま、中分類から小分類へとさらに見える化を進めると、ますますズレが広がります。マニュアルが出来上がっても、業務の呼び方が人によってズレたままでは、マニュアルが使えません。階層・分類のズレがあると、どのマニュアルに必要な情報があるのか探しづらくなります。

　業務プロセスの正解はひとつとは限りません。すり合わせの目

的は、「業務を組織として共有する」ことです。目的を踏まえて、ツリーの階層・分類・名前を修正し、ヌケ・モレがあれば追加します。

すり合わせが、間違い探しやミスの指摘にならないように、ズレを楽しむくらいの感覚で行ない、業務への共通認識を広げていきましょう。

■ツリーで見えてくる3つのズレ

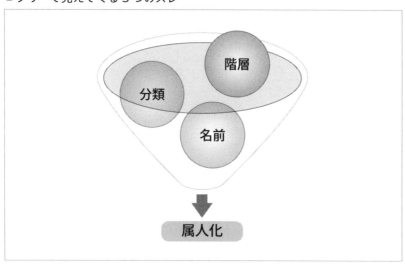

■■ ツリーをすり合わせたら

すり合わせたツリーは、Excel や Word など慣れたアプリを使って、データ化しておきましょう。データ化した業務ツリーは、マニュアル作成の準備としてだけでなく、引き継ぎや新人育成のときに、「部署の業務全体を説明／理解する」資料として活躍します。

■ 業務ツリーをつくりながらなにを考えたか

　業務ツリーを**作成しているときに気づいたこと、作成してみての感想**を、書き留めておきましょう。

　例えば次のようなことです。

・マニュアルを作成すべき項目が可視化できる
・分類してみるとシンプルに感じた
・記入が難しかったので、中分類を洗い出してから、大分類にまとめた。これにより、頭の中で業務のカテゴリー分けができていなかったことを自覚した
・項目数は多くないが、一つひとつがとても煩雑だ
・似たような項目が多いが、確認点や作業のポイントが異なる
・見える化することで、業務内容が整理された
・ツリーを作成したことで、自分の業務の全体像が明確化できた
・業務が互いにつながっていることを改めて感じた
・ツリー上だと、やるべきことが簡潔に見えてくる
・商品の違いよりも、顧客ごとの業務プロセスの違いが大きい
・担当業務の範囲が明確になった

「ツリー作成＝業務を客観的に見る」ことから得られた気づきには、**業務改善へのヒント**が隠れています。

▟ 組織図と業務分担の見直し

　組織図は、組織のなかで最も大きな**業務の体系図**です。いわば、業務ツリーの最上位にある「ツリー」です。業務ツリーをつくり、マニュアルを作成するなかでの気づきは、組織図に紐づく業務分担の見直しにも有益です。

　現在の業務分担と組織図は有効に機能しているのか？　10年、20年前のままアップデートされず、ムダが発生していないか？　部署間の情報共有に不足はないか？　などなど、現場の気づきを改善提案していくことは組織の活性化にも役立ちます。

■組織図は業務の体系図の土台

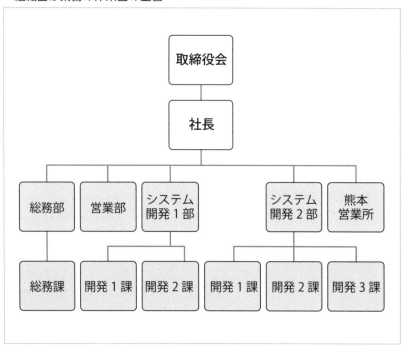

「なぜ・いつ・誰」で棚卸し

ツリーの作成とすり合わせによって、業務を客観的に俯瞰して共有しました。ツリーの分類項目を、もう一段階**チャンクダウン（細分化）**して、業務の見える化を深めます。

ツリーの中分類を、小分類へと分解し、「なぜ・いつ・誰」の情報を追加し、業務の概要情報をリスト化していきます。この「業務の棚卸し」リストは、はじめからExcelなどの表計算ソフトでデータ化します。並べ替えることができるように、大分類や中分類は、同じ内容でもセル結合は行なわず、セルをコピーしましょう。

ツリーと同じく、作成した棚卸しリストは、部署・チームですり合わせを行なってズレがあれば修正します。

■棚卸しリストで業務を洗い出す

業務の棚卸し

大分類	中分類	小分類	なぜ	いつ	誰
採用活動	説明会開催	スケジュール決定	採用活動の全日程を決定する	6月第1週	採用委員（小野）
採用活動	説明会開催	スケジュール社内通知	採用活動へ全社員の協力を要請する	6月第2週	採用委員（宮田・小野）
採用活動	説明会開催	開催準備	説明会を円滑に開催する	開催日の7日前迄	採用委員（梅沢・宮田）
採用活動	就活サイト対応	前年度反省会	今年度の活動に活かす情報収集	5月第2週	採用委員（小野）

📁3章⇒業務の棚卸しリスト.xlsx

■■「なぜ・いつ・誰」を追加する

なぜ：業務の目的

　なぜ、何のために、業務を行なうかの目的によって、業務の処理にかける時間や、手数、仕上がりも変わります。目的は、業務で引き継ぐ「土台・柱」であり、マニュアル化業務を選ぶ際に、重要度を測る目安になります。

いつ：業務の発生の頻度やタイミング

　毎週月曜、毎月 20 ～ 25 日、随時、クレーム発生時など。

　マニュアル化業務を選ぶ際、「発生頻度の高いデイリー業務」「年に 1 度しか実施しないが、それゆえにマニュアル化しておくと業務効率が見込める業務」といった切り口になります。

誰：業務を実施する係や担当の役割名

　○○係、○○担当と命名されていない場合は、仮置きで記載します。括弧書きの個人名は、棚卸しリスト作成時の担当者です。マニュアルの作成担当者、または業務内容を聞き取ってマニュアルを作成する際のヒアリング対象者名を記載します。

■■「なぜ」をひとりで推測しない

　業務を引き継いだときに目的を聞いていなかった場合は、自分だけで推測せず、上司・前任者に確認しましょう。

■■ 棚卸しリストに追加する項目

「なぜ・いつ・誰」のほか、棚卸しリストに、**「所要時間」「使用する備品・データ・帳票」**を追加しておくと、引き継ぎツールとしてさらに充実したリストになります。

マニュアル化業務の
優先順位を決める

　ツリー、棚卸しリストと業務を見える化しましたが、すべての業務のマニュアルを一度につくることは困難です。

　棚卸しのリストの上から順番につくる……、ではなく、マニュアル化業務の優先順位を考えましょう。

　優先順位は、「Why：なぜ、マニュアルをつくるのか？」に立ち返り、マニュアル作成の目的に照らして軸を決定します。

■ マニュアル化の優先順位

マニュアル化の優先順位の例

　マニュアル作成スタートアップシート（34 ページ）に書き込んだ、「マニュアル作成の目的」「**マニュアルをつくって使うことで、どんな未来を実現したいのか？**」（Why）に、再び注目しましょう。

目的	業務品質を安定させたい
優先順位	業務プロセスの属人化が著しい業務

目的	新入社員をいち早く戦略化したい
優先順位	入社から2ヶ月間で習得してほしい業務

目的	不在のときに業務を止めない
優先順位	担当不在で代行可能な業務

∷ 優先順位を見える化してすり合わせる

　優先順位が決まったら、「業務の棚卸し」に追加して見える化
しましょう。

　Excelで作成順を数値で入力すれば、並べ替えて、マニュアル
作成リストとして使えます。今回のマニュアル作成期間に着手予
定のない項目は、空白セルにしておけば数値データの後に並びま
す。

　目的が部署・チームで共有できていても、担当者が考える「優
先順位」と上司・リーダーが望む「優先順位」とは、異なること
が多いのも事実です。「なぜこの順番で作成するか」もすり合わ
せておきます。

マニュアルへの期待を高めるヒント

作成順をすり合わせて、共有する！

■ 優先順位の追加

業務の棚卸し

優先順位	大分類	中分類	小分類	なぜ	いつ	誰
3	採用活動	説明会開催	スケジュール決定	採用活動の全日程を決定する	6月第1週	採用委員（小野）
3	採用活動	説明会開催	スケジュール社内通知	採用活動へ全社員の協力を要請する	6月第2週	採用委員（宮田・小野）
2	採用活動	説明会開催	開催準備	説明会を円滑に開催する	開催日の7日前迄	採用委員（梅沢・宮田）
1	採用活動	就活サイト対応	前年度反省会	今年度の活動に活かす情報収集	5月第2週	採用委員（小野）

■■ 定型業務と非定型業務

　業務は、繰り返しの多い定型的な業務、いわゆるルーティンワークか、それ以外という視点で分けることができます。

　マニュアル化しやすいのは、定型業務ですが、組織内の知恵の共有を考えたとき、非定型業務のマニュアル化は外せません。意思決定や都度の判断が必要な非定型業務には、**情報を収集して処理する**過程を経て、新たな情報や知恵を創造するプロセスが含まれます。

　非定型業務のマニュアル化には次のアプローチが有効です。

・業務プロセスの分解と合わせ、**意思決定・判断のコツ・ルール**を見える化する

　例：情報収集の手段（参考にするメディア、よく使う Web

サイトの URL)、決定までの検討項目の比重のかけ方

・非定型業務全体をブラックボックスと考えず、**非定型業務に含まれる定型業務**を切り出して見える化する

例：企画書テンプレートの使い方、プロジェクトミーティングの招集方法

■ マニュアル化業務のタイプ

定型業務	非定型業務
▪ 給与計算 ▪ 請求書発行 ▪ 受発注	▪ 新製品・サービスの企画 ▪ 戦略・方針の決定 ▪ 制度の策定
繰り返しが多い 手順が比較的シンプル ➡**マニュアル化しやすい**	意思決定・判断が必要 ➡**判断のコツ・ルールを言語化する** ➡**定型業務を切り出す**

◫ 棚卸しリストはスキップできる？

　マニュアル作成を業務改善の場として活かすために、すべての業務に対する「なぜ・いつ・誰」の検討（棚卸しリスト）は強くおすすめします。しかし、そこまで手がまわらない、マニュアル導入待ったなしの場合は、棚卸リストをスキップして業務ツリーに「小分類」を追加して、マニュアル作成の優先順位の数値を記入するショートカットも可能です。

06 プロセスを思い出しながら つくらない

ステップ**5**

マニュアルを作成する対象業務が決まりました。

ここで、パソコンを起動して、**「業務の手順を思い出す」**と**「マニュアルをつくる」**の２つを同時進行していませんか？

「業務を頭の中から取り出すこと」と、「マニュアルのデータファイルをつくること」は分けないと、行ったり来たり止まったりで、かかる労力が雪だるま式に増えてしまいます。

そこで、フセンを使って業務プロセスを言語化しましょう。

■■ 業務内容を「なにを・誰が・どうする」で見える化

「なにを・誰が・どう処理する」のフレームで、業務内容を短く的確に表現することで、人による文章の違いを少なくできます。

■業務を言語化する

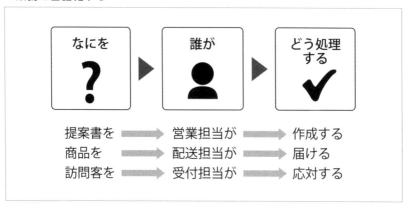

72

なにを：「どう処理する」の対象となるモノ・人・情報

誰が：業務を行なう役職名・担当名・係名

どう処理する：動詞で表わすアクション

「なにを・誰が・どう処理する」の業務内容を1単位として、1枚のフセン（7.5 × 7.5センチ以上のサイズ）に書きます。

　マニュアル化する業務の開始が1枚目です。例えば、

　・書類を営業所から受け取る

　・システムから集計用データをダウンロードする

　・顧客からのメールを受信する

　など、業務開始のきっかけ（トリガー）を思い浮かべます。

■■「なにを・誰が・どうする」以外でフセンに記載する項目

　業務内容だけでも見える化されますが、次の①と③を追加すると、それぞれがフセン同士をつなぐのりしろの役割になって、業務の流れがさらに明確になります。

■ フセンに業務を書き出す

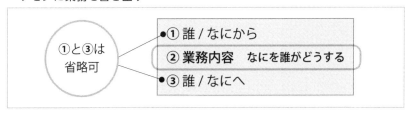

① 誰 / なにから	処理する情報・モノの出どころ（どこ・誰・なに）
② 業務内容	情報・モノを、〇〇担当が、△△する
③ 誰 / なにへ	処理した情報・モノの行き先（どこ・誰・なに）

■■ 業務の流れを「フセン」で見える化する

1枚目に続けて、業務の区切り（完了）まで、2枚目3枚目……とフセンに書いていきます。

■ フセンで業務プロセスを分解する

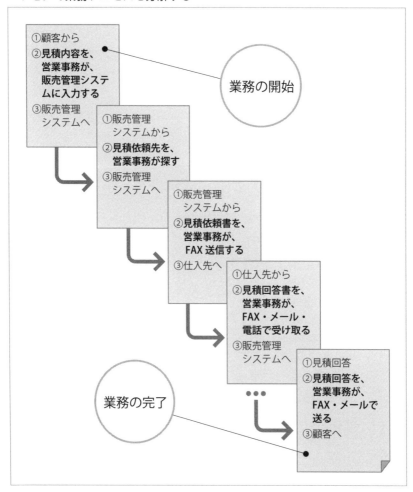

■■ フセンで業務の流れを分解するポイント

フセンには、業務の流れを書き出します。

フセンの段階で、単位作業や要素作業と呼ばれる「作業」のレベルまで落とし込むと、詳細すぎて袋小路に入ってしまいます。

手を動かす「作業」レベルは、マニュアル作成のなかで記述します。

「衣類を清潔にする」という目的の「洗濯」業務を例に、フセンで分解するレベルを記載しました。

フセンで明らかにしたいのは、業務の流れなので、「洗濯機で洗濯する」に含まれる「洗濯機に衣類を入れる」「洗剤を投入する」といった作業レベルまでは分解しません。

■ フセンで分解する粒度の例

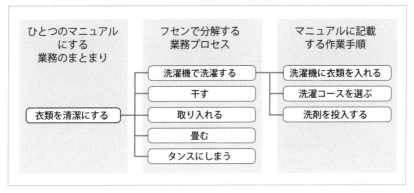

■■「フセン」を並べるとボトルネックが見えてくる

一連の流れをフセンで見える化できたら、デスクやホワイトボードに、業務の順番にフセンを並べ、フセン全体を眺めます。

全体を俯瞰することで、フセンで見える化された業務の流れが、「業務の目的」に沿っているかを、適正化の視点で見直すことができます。

■ 適正化の視点

質（ミス）が担保されているか

・ミスが発生しにくいプロセスになっているか

・チェックの場所・回数は適切か

・人によるバラつきはないか

投下時間は適切か

・時間がかかりすぎるプロセスになっていないか（過剰品質）

・投下時間を増やすべきではないか

　フセン全体を眺めると、さまざまなボトルネックを発見できます。

・ミス、ヌケ・モレが起きやすい箇所

・やりにくい・時間がかかる箇所

・手戻り・手待ち時間が起きやすい箇所

ボトルネックが明らかになったら、フセンの追加・削除や順序の入れ替えを検討します。

07

マニュアル作成で業務を改善する

　プロセスの見える化、見直しは、業務改善そのものです。

「どのように改善すればよいか？」のヒントとなるのが、改善の8原則です。8原則は「なくせないか？→減らせないか？→変えられないか？」の3つに大別できます。

■改善の8原則

なくす	**①** 廃止の原則	やめたら困るか？	
減らす	**②** 削減の原則	減らせないか？	
変える	**③** 標準化の原則	誰にでもできるか？	
	④ 機械化の原則	手作業を少なくできないか？（自動化）	
	⑤ 容易化の原則	複雑にしていないか？	
	⑥ 計画化の原則	計画的に進められないか？	
	⑦ 同期化の原則	まとめられないか？	
	⑧ 分担検討の原則	分担を変えて効率アップできないか？	

限られた時間のなかで成果を出していくためには、「やらないこと」を決めることは重要です。「廃止」「削減」を口にすると、怠けていると思われないかと気が引けそうですが、改善思考の一番手は"ムダ取り"です。

　業務の目的と照らして、廃止か否かではなく、**「顧客への提供価値を高める業務プロセスかどうか？」**で考えましょう。

　環境変化のスピードが速いなか、これまでうまくいっていたプロセスが、これからも有効とは限りません。

　改善の8原則は、「当たり前」「そういうものだ」の思考をサーチライトのように照らして、隠れたムダを明らかにします。

08

ステップ**7**

マニュアルの骨組みに
落とし込む

■■ ① フセンを一覧表に記述する

　フセンで分解した業務プロセスに改善を加えたら、Excel など
でリスト化します。

　それぞれのフセンにタイトル（プロセス名）を付けて、1 枚を
リストの 1 行に入力してつくっていきます。ここで大切な列は、
「プロセス名」と「業務内容」です。「誰／なにから」「誰／なに
へ」は空白セルがあっても構いません。

■業務プロセスリスト

分類	No	プロセス名	誰／ なにから	業務内容	誰／ なにへ
見積	1	見積依頼 電話受付	顧客	見積内容を、営業事務が、 システムに入力する	販売管理 システム
見積	2	見積依頼先 の検索	販売管理 システム	見積依頼先を、営業事務が、 探す	販売管理 システム
見積	3	見積の依頼	販売管理 システム	見積依頼書を、営業事務が、 FAX 送信する	仕入先
見積	4	見積回答の 受信	仕入先	見積回答書を、営業事務が、 FAX・メール・電話で受け 取る	販売管理 システム

■■ ②ひとつのマニュアルに含める範囲を決める

　業務プロセスリストを作成したら、どの業務（行）までをひとつのマニュアルに含めるかを決めます。リストに No. の列を含めておくと、範囲がわかりやすくなります。

■■ ③マニュアルのタイトル・大見出し・小見出しを決める

　ひとつのマニュアルの範囲が決まったら、マニュアルのタイトル、見出しを決めます。大見出しは、業務プロセスリストの「プロセス名」ですから、大見出しに含まれる作業を小見出しとして分解します。

　ここまでがマニュアル作成の準備、下ごしらえです。7つのステップは「業務の見える化」であり、業務改善のステップそのものです。

　マニュアルを作成するときは、タイトルと大見出し・小見出しを入力します。続いてそれぞれの小見出しの下に、**作業手順**を「(1)、(2)、(3)……」とナンバリングして入力します。

■ タイトル・見出しを決める

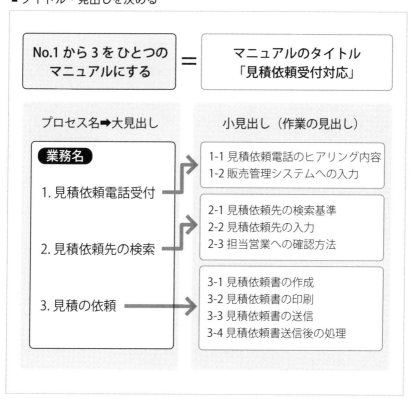

■■ 手書きとデータ化を交互に行なうわけ

　3章では、マニュアル作成の準備を、手書きとデータ化の交互で進めてきました。ペンを手にして動かすことで、自由度高く広げて考える拡散の効果と、データ化によって情報を整理して収束する効果のシナジーをねらっています。

　もちろん、ツリーもフセンもはじめからデータ化ができますから、進めやすい形で取り組んでください。

■ 準備段階の手書きとデータ化の使い分け

■· 時間軸で仕事を見える化する

「ツリー→棚卸し→フセン」の流れで業務を見える化しましたが、プラスアルファの見える化おすすめ手法があります。

題して「時間軸で日々の業務を見える化する」。ツリーからはじめる見える化は、業務分類の上位からかたまりをほぐす形で、言ってみればトップダウン方式です。それに対して、1日、1週間、1ヶ月、1年のそれぞれの軸で、実施していることを集めていくボトムアップの見える化です。

横方向に時間軸、縦方向に仕事軸を取って、表にします。
「月」の見える化は、なかでも特におすすめです。

1ヶ月の中の業務の平準化を検討するツールとして俯瞰することができるだけでなく、引き継ぎや新人育成時のツールとしても、有効です。

■時間軸で見える化（1ヶ月の業務の見える化）

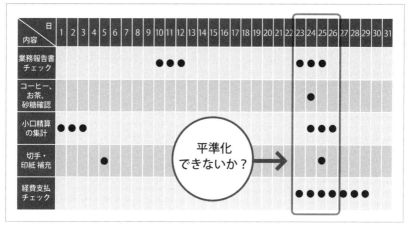

▶マニュアル作成の準備 7 つのステップ

■洗い出し

ステップ**1** ツリーで俯瞰して業務を見える化する

ステップ**2** ツリーを部署・チームですり合わせる

ステップ**3** 「なぜ・いつ・誰」を追加して棚卸しする

■対象業務の選定

ステップ**4** マニュアル化業務の優先順位を決める

■改善

ステップ**5** プロセスをフセンで見える化する

ステップ**6** マニュアル作成で業務を改善する

ステップ**7** 骨組み（タイトル・見出し）に落とし込む

準備に時間がかけられないときのショートカットステップ

　特定の業務のマニュアルが今すぐ必要な場合は、ステップをショートカットして、ステップ 5 とステップ 7 だけを最短時間で準備して、作成に進みます。

ステップ**5** フセンで見える化

ステップ**7** マニュアルの骨組みに落とし込む

　とはいえ、これはあくまでも緊急措置。組織としてマニュアル作成・活用に取り組むのなら、7 つのステップすべてに取り組まれることをおすすめします。

「わかりやすい」と 「つくりやすい」の 両輪をまわす

　さぁ、マニュアル作成の下ごしらえも整いました！

　見える化したマニュアル対象業務というコンテンツ（内容）を、わかりやすいマニュアルにするために、はやる気持ちを少し抑えて、「わかりやすさって具体的にどういうことか」を考えてみましょう。

　「わかりやすさ」が明快になると、作成基準が明快になって、「つくりやすさ」が一気にアップします。

マニュアル"使い勝手" "つくり勝手"の OK・NG

　マニュアルに対する**使いやすさ、つくりやすさのポイント**は、**人によって意外と幅があります。**

　マニュアルを使いはじめてから、「文字が小さい」「表記にバラつきがあって読みにくい」「目次がなくて探せない」といった声

■ 使い勝手のヒアリング

OK
わかりやすい
読みやすい
使いやすい

NG
わかりにくい
読みにくい
使いにくい

- 図・写真・スクリーンショットでわかりやすい
- 目次、番号付きの見出しで探しやすい
- 更新日・更新者が明確
- 用語の統一、箇条書き
- 注意点・ミスしやすいところも記載
- ファイル名・保存場所が決まっている
- 作業順（時系列）に記載

- 文字が小さい、文章が長い
- フォント・書式が不揃い
- 専門用語・難読漢字・略語
- 文字の色がカラフル
- 量（ページ・ファイルサイズ）が多い
- 余白・改行が少なく詰め詰め
- 文体がばらばら

があがる前に、「使い勝手のよさ」についてまわりに聞いてみましょう。リクエストをすべて満たすことはできなくても、マニュアルに対する参加意識を持ってもらえるメリットもあります。

　前ページに、業種・職種を問わずよくあげられる、記載されているとOKな項目、そうでないNG項目を分けてみました。

■: 情報不足の例

　OK項目が記載されていても、情報が不足していると使い手を迷わせてしまいます。

　・「注意点、ミスしやすいところ」はあるが、対象（なにをどのように）があいまい、ミスした時の対処方法がない
　・「作業順（時系列）に記載」されているが、業務を開始するタイミング・きっかけがない

　多すぎる情報も使い手の負担になってしまいます。**「マニュアルを使うなかで、情報不足が明らかになったら追加する」**という対処をしましょう。**「小さくつくって育てる」**の法則です。

■: 複数ページのマニュアルの構成例

　複数ページのマニュアルのポイントは、検索のしやすさ、探しやすさです。表紙から順にページをめくる場合もありますが、**ピンポイントに読みたい場合が多いのがマニュアル**です。

検索の道具として、もうひとつ「索引」がありますが、作成の手間の割に、マニュアルでは目次ほど活用頻度が高くありません。業務の初心者は、キーワード（検索用語）を知っていないと使えない索引よりも、目次から選ぶほうが使いやすいためです。

　いつ、どこを更新したかを表形式でまとめた更新履歴は、最終ページの後でもよいでしょう。更新履歴のサンプルは 194 ページに掲載しています。

■複数ページのマニュアルの構成例

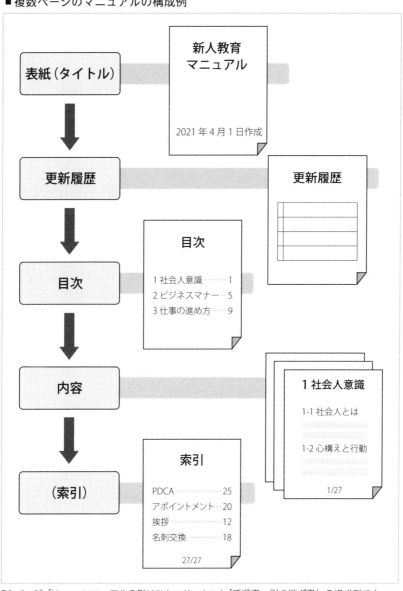

51 ページ「How：マニュアルの形はひとつじゃない」「手順書・引き継ぎ書」の構成例です。

表現を揃えて「つくる」「読む」負担を減らす

　マニュアルの NG で必ず出てくるキーワードが、「揃っていない」「ばらばら」です。使うフォント、表現、レイアウト……、見た目が揃っていないと読みにくいだけでなく、つくるときの迷いも多くなります。

　とはいえ、組織内でつくるマニュアルは、編集者、校正者が揃ったプロの出版物ではないので、厳密さを追求しすぎると、作成意欲もスピードも損なわれてしまいます。

　つくるとき、読むときの迷いを減らすために、「ここだけは揃えたいルール」を決めましょう。

　迷いがちな表現の 5 大要素を順に紹介します。

■揃えて迷わせない！

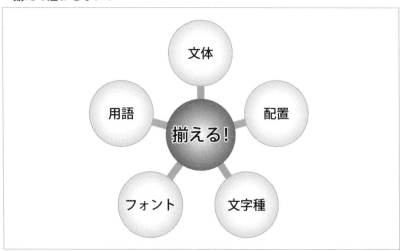

▪️ 文体：「です・ます」or「だ・である」

「です・ます」の敬体か、「だ・である」の常体か。

　どちらが正解ということはありません。「です・ます」は、読むときの印象がやわらかく、「だ・である」は文末を短くまとめやすいというそれぞれの利点があります。

　常体だと、マニュアルから命令されているようなイメージがあるから敬体を選んだ会社もありましたし、ショートイズベストで常体を選んだ組織もありました。

　敬体の場合も、箇条書き項目は言い切り形の常体との混在でOKです。

体言止め

　文末の常体・敬体の選択のほか、文末で考えておきたいのが、「〜〜に注意」「〜〜を確認」などの**体言止め**です。

　見出しではなく、作業の手順の場合は、「クリックする」「依頼する」と用言止めにします。常体でも敬体でもどちらも用言止めです。

　体言止めを用いると、シンプルでメリハリもつきますが、あいまいさも含みます。作業手順は、読み手の行動を促す文章ですから、「する・しない」を明確にする動詞で文を結びます。用言止めは、「〜〜する／〜〜します」など同じ表現が続いて、一本調子になりがちですが、マニュアルは文学作品ではないので、気にすることはありません。

■■ 配置：シンプル・すっきりレイアウト

　レイアウトは上から下の垂直方向に、業務の流れに沿って読み進められるようにシンプルに配置します。

　レイアウトで比べてしまうのが、書店に並ぶ書籍でしょう。図表と文章が見やすく、かっこよくレイアウトされた書籍は、プロのデザイナーが1冊の本全体のボリュームや章立てに合わせてデザインしています。対して、社内のマニュアルは、全体のボリュームも増減しますし、つくり手はプロではありません。更新しやすさも含めて考えると、シンプルが一番です。

■レイアウトはシンプルに

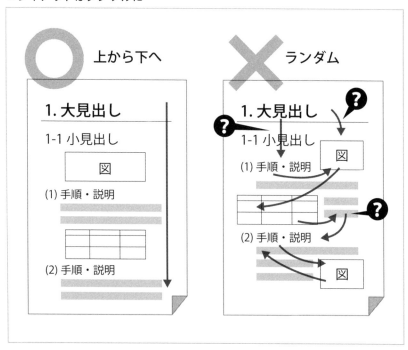

■ 文字種：使い分けよう「全角・半角」

コンピューターで扱う文字には、全角文字と半角文字があります。英数字（アルファベットと数字）およびカタカナは全角・半角の両方がありますが、漢字・ひらがなは全角のみです。

全角文字は、漢字などアルファベット以外の文字をコンピューターで表現するために、後から追加されました。

全角のみの文字は迷うことがありませんが、両方ある英数字とカタカナは、どちらを使うか決めておきましょう。

常体・敬体ルールと同じく、絶対の決まりはありませんが、**英数字は英文や桁数の多い数値に適した半角、カタカナは漢字・ひらがなと統一して全角**がおすすめです。

ただし、フォントによっては、見た目があまり変わらないものもあるので、厳格に使い分けるというより、「迷わないため」のルールと考えましょう。

半角カタカナ

半角カタカナは、全角文字の登場前に日本語表示用として使われたのがはじまりです。

Excel で、商品名の列幅を狭く収めるために半角カタカナを使っている場合もあるでしょう。社内の文書作成ルールで「半角カナ」に揃えているのであれば、マニュアルも合わせます。

■ フォント：たかがフォント、されどフォント

初期設定のフォントをそのまま使ったり、デザインの好みで変

更したりすることが多いフォントですが、読みやすさに大きな影響を及ぼします。

フォントの種類

　一般的なビジネス文書では、タイトルや見出しなどには、くっきり目立つゴシック体、本文には明朝体の使い分けがよく用いられています。マニュアルは、書籍のように手元近くで読むことよりも、**作業や操作をしながら見ることが多いので、文字の読み間違いが少ないゴシック体が適しています。**

　一方、就業規則や業務概要の説明など、文字の分量が多いマニュアルは、ゴシックと明朝をコンビで使うことでメリハリが出て読みやすくなります。

　図や写真が多いマニュアルは、すべてゴシックでよいでしょう。

■ Windows OS で用いられるフォント

書体	用途	代表的な日本語フォント (Windows)
ゴシック体	タイトル・見出し	游ゴシック、**Meiryo UI**、MS ゴシック、MS UI Gothic、**BIZ UDP ゴシック**
明朝体	本文	游明朝、BIZ UD 明朝、MS 明朝、MS P 明朝

　ポイントは、**ひとつのマニュアルに複数のフォントを混在させない**ことです。文字そのものが表わす情報以外の、フォントの種類などの書式情報が多いと、統一感が損なわれ、読み手も混乱します。

　2種類のゴシック体、またはゴシック体と明朝体をそれぞれ1種類ずつなど、ひとつのマニュアルで2〜3種類程度に絞り、そ

れ以外のフォントを使わないルールを決めておきます。

フォントのサイズ

Excel の新規ファイルでは 11 ポイント、Word では 10.5 ポイントが、標準のフォントサイズです。マニュアルは、手元から離して作業しながら読むことが多いことから、通常より大きめ、最低でも 12 ポイント以上で設定します。

最小の 12 ポイントを作業や説明の本文サイズとすると、見出しは 16 〜 18 ポイント以上など、大きいサイズに設定します。

本文と見出しのフォントサイズの差は、ジャンプ率という言葉で表わされます。差が大きいほどジャンプ率が高く、見出しが探しやすくなり、見出しの拾い読みで全体の流れもつかみやすくなります。

フォントの色

文字の色もフォントの種類と同様に、黒と赤の 2 種類に抑えておくと、「緑の文字には、何の意味があったっけ？」と読み手が迷わずに済みます。

ただし、赤色の文字はモノクロ印刷すると、強調とは逆のかすんだ印字になってしまいます。モノクロとカラーでは印刷コストも異なるので、フォントの色は配布の形式を踏まえて決定します。

その他の書式（下線・太字）

注意したい点、強調したい点を目立たせる最も手軽な方法は、下線（アンダーライン）を引くことです。文字書式が設定できるアプリの多くは、【Ctrl】＋【U】のショートカットキーで下線が

設定できます。Under Line の「U」で覚えやすいショートカットです。

　同様に【Ctrl】＋【B】で設定できる太字（Bold）は、印刷や画面表示で太字の効果が小さかったり、文字がつぶれてしまったりするフォントもあるため、フォント色以外の強調には**下線**がおすすめです。

フォントの豆知識

・ユニバーサルデザインフォント（UD フォント）

「BIZ UD ゴシック」「UD デジタル 教科書体」など、フォント名に「UD」が入っているフォントが UD フォントです。ユニバーサルデザインに配慮した UD フォントでは、「バ」と「パ」、「3」と「8」などを読み間違えないようにデザインが工夫されています。

　Windows のバージョンによって、搭載されているフォントは異なりますが、UD フォントは、読みやすさとミスを防ぐ点からマニュアルにおすすめのフォントです。

・プロポーショナルフォント

「BIZ UDP ゴシック」「ＭＳ Ｐ明朝」など、フォント名に「P」が入っているフォントは、プロポーショナルフォントです。プロポーショナルフォントは、文字幅が「あ」と「う」など、文字に

バラバラマニュアル脱出のヒント

色・フォント・飾りのルールを決めておく！

よって調整されて異なります。プロポーショナルフォント以外は、原稿用紙のように文字の幅が等しい等幅フォントです。

■■ 用語：用語集で共有しよう

マニュアルで、業務の手順や詳細を記載していくと、専門用語や略語が必ず登場してきます。登場ごとに用語の説明を記載すると冗長になりますし、マニュアルで最初に登場したときだけの説明だと、途中のページから参照するときに内容がわかりません。

おすすめは、部署あるいは会社全体で、**用語集をつくって、用語と説明を一箇所に集約しておく**やり方です。

用語集を Excel でリストにしておけば、追加しても並べ替えが

■マニュアル用語集の例

	A	B	C
1	マニュアル用語集		
2			
3	用語	説明	備考
4	CS	顧客満足度	
5	DM	ダイレクトメール	
6	ES	従業員満足度	
7	eマーケ	DM メール配信	見込み顧客配信
8	ID	社員証、ID カード	
9	ID 番号	社員番号	
10	MTG	ミーティング	
11	PT	プロジェクトチーム	
12	顧客	お客様、クライアント、ユーザー	部署ごとで使い分けない

🗁 4 章⇒マニュアル用語集 .docx

容易です。業務分類や部署でカテゴリーに分けるよりも、ひとつの表が管理・利用の両面からおすすめです。

61ページ「《ステップ2》ツリーをすり合わせる」で業務ツリーの「階層・分類・名前」を部署・チームですり合わせたときに、ズレていた用語も用語集に含めておくと、新規の着任者の辞書としてだけでなく、従来の部署メンバーの用語の標準化の役割も期待できます。

マニュアル作成と活用を通して、組織内で用いる「コトバ」のバラつきを少なくすることは、行き違いから起こるミスなどのコミュニケーションロスを防ぎます。同じコトバを用いることにより一体感が醸成され、社外に向けての対応も統一されて信頼アップにもつながります。

マスコミの用字用語

出版社や新聞社では、用語と合わせて、漢字と仮名の使い分け、送り仮名、外来語の表記などの「用字用語」を統一し、「記者ハンドブック」や「用字用語の手引き」として発売しています。

記者や校正担当者が用いるルールですから、組織のマニュアルにそのまま使うには厳しすぎますが、1冊備えておくと、用語集リストを作成するときの参考書として活用できます。

データや書類の「場所」は、記述のルールを決める

　業務を実施するときに使うデータ、書類、道具の置き場所が明記されていないと、そこで手が止まってしまい、探したり、誰かに聞いて割り込みになったりと、時間のムダが生じます。

　置き場所、保存場所を記載するときのルールを決めておくと、つくるときに迷ったり、使うときに探す時間が減らせます。

■名前と保存場所を明示する

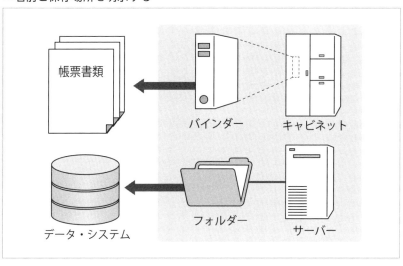

■ データの場所

　例えば Windows 環境であれば、ファイルの場所は、エクスプローラー（フォルダーウィンドウ）のアドレスバーに表示される

■ データの保存場所

 Windows 環境で、ファイルやフォルダーを指定する

¥¥ server01 ¥ manual_project ¥ 用語集 .xlsx

| サーバー名 | フォルダー名 | ファイル名 |

「¥」マークで区切られるファイルパスで表記できます。

ファイルパスを取得する

■ ファイルパスのコピー

①ファイルアイコンを【Shift】キーを押しながら右クリックする
②ショートカットメニューの［パスのコピー］をクリックする
③マニュアルのファイルに貼り付ける（【Ctrl】＋【V】）

▪▪ 書類・道具の場所

　書類や道具の置き場所も、記号を使ったファイルパスの表記を応用してルール化しましょう。Webページのメニュー構造を表わす「パンくずリスト」のように、記号の「/」や「→」で区切って、置き場所へ案内します。文章にすると「総務部のAというキャビネットの一番下の段に置いてある『契約書類』という背表紙のバインダーに綴じてある契約台帳」などとなる長い説明も、記号を使うと1行に収まります。

■道具・書類の保管場所

> **例** オフィス内で、帳票をファイリングしたバインダーの位置を指定する
>
> ### 総務部 a → 01 → 契約書類 → 契約台帳
> キャビネット名　段数　バインダー名　　　帳票名

保存・保管場所のヒント

　マニュアルに「場所」を記載するタイミングで、その場所の整理整頓も行なっておくと◎

04 わかりやすい表現で シンプルイズベスト

マニュアル作成で「あるある」の表現とポイントを集めました。

作成中に考えすぎると、作成スピードが落ちるので、後で見直すときにチェックしましょう。

■ マニュアル文章はショート・シンプル・スマートに

①一文を短くする

ひとつの文の文字数が 50 文字を超えたら、文章を分割します。「なにを・誰が・どう処理する」で、一文の動詞をひとつにすると、シンプルな文になります。

FAX を送信する場合は、送信者と確認者の 2 人体制で、短縮ボタンは使用せずに、送信者が FAX 番号をプッシュした後、確認者がディスプレイに表示された番号を確認する。（81 字）

⇩

「FAX 送信のルール」

1）送信者と確認者の 2 人体制で行なう

2）FAX 番号を、送信者がプッシュする（短縮ボタンは使わない）

3）ディスプレイに表示された番号を、確認者が確認する

---

②接続詞は最小限に

段落に行頭番号があると、接続詞がなくても前後のつながりが明確です。順接の「したがって/そして」は最も省略しやすい接続詞です。

逆接	しかし	前に述べた内容と逆の内容
説明	なぜなら/ただし	理由や説明などを補足する
添加	また/なお	前に付け加える、対等に並べる

③受け手任せの副詞・形容詞に注意

副詞・形容詞は読み手の解釈で尺度が異なってしまいます。程度は数値で表わします。

× すばやく/すみやかに/しっかり/きちんと/きれいに

> **例** 軽い場合は、　⇒　0.5キログラム未満は

④指示語は使わない

指示語は前後のつながりを読み解く手間がかかります。

× この/そこ/それ/そのように

> **例** この内容を踏まえて、それを処理する。

⑤二重否定は使わない

二重否定は、読み間違いを誘います。

> **例** 実施しないことはない　⇒　実施する
>
> 省略できないこともない ⇒　省略できる

⑥箇条書きの行頭は、記号と番号を使い分ける

・記号（・、＊）：項目を並列に表示する

・番号（1,2,3…、A,B,C…）：項目の順番・順位を表示する

・箇条書きには、表題を付ける

例	記号の用途	番号の用途
	・ポイントをまとめる	1. 重要度
	・構成要素を示す	2. 優先度
	・条件を示す	3. 操作順
	・注意点を列挙する	4. 発生順

※箇条書きには句点（。）は原則不要

■■「、」（読点）はたくさん打つ

「、」（読点）がないと、見た目に区切りがわかりにくく、読みやすさが低下します。点を打つ場所に迷ったら、「『ネ』を入れて読んで意味が通じるところ」が目安です。

> **例** 毎週土曜日に／熊本支社から／売上集計が／
>
> メール送信される。

■ あいまいな表現を避ける

条件を限定することで、読み手の迷いが少なくなります。

例 A でない場合は…⇒ B と C の場合は…

　　〜〜もできる　　⇒ ○○のときは、〜〜ができる

■ 記号はルールを決めて使い分ける

① 行頭の記号

　ルールがないと、行頭の記号（※、■、◎…など）の種類が増えて記号の意味が混乱します。種類と用途を決めて使いましょう。

記号の用途のルール例

行頭の記号は、以下の３種類に限定する

※…注意する箇所・ミスが起きやすい箇所

◎…重要な情報

■…参考・補足の情報

② 括弧（かっこ）

括弧の使い分けもルールを決めておきます。

主な括弧の種類と呼び名

　（　）括弧　　　【　】隅付き括弧　　「　」鉤括弧

　＜　＞山括弧　　［　］角括弧

括弧の用途のルール例

【 】→ …システムのメニュー名・ボタン名を表わす

【売上入力】→【当該月】→【入力】

「売上入力」メニューをクリックし、「当該月」のサブメニューの「入力」をクリックする

<>＋ …ショートカットキーを表わす

< Alt > + < Enter >

< Alt >キーを押しながら< Enter >を押す

「わかりやすさ」は、共有してルールを決めておくことで、つくるときの迷いが少なくなります。自由度が高いと、迷うだけでなく、不揃いで属人化したマニュアルになってしまいます。

　ルールは、作成開始前にすべて決めなくて OK です。作成しながら必要な項目を追加していきましょう。

わかりやすさの ABC

Ａ 揃える

(1) 文体：「です・ます」or「だ・である」

(2) 配置：シンプル・すっきりレイアウト

(3) 文字種：使い分けよう「全角・半角」

(4) フォント：ゴシックと明朝を使い分ける

(5) 用語：用語集で共有しよう

Ｂ データや書類の「場所」は、記述のルールを決める

(1) データの場所

(2) 書類・道具の場所

Ｃ わかりやすい表現はシンプルイズベスト

(1) マニュアル文章はショート・シンプル・スマートに

(2) 「、」（読点）はたくさん打つ

(3) あいまいな表現を避ける

(4) 記号はルールを決めて使い分ける

パソコンスキルに頼らない
マニュアルづくりの
具体策

　いよいよ本章は、マニュアルの具体的なつくり方です！

　「パソコンスキルに頼らない」とは、パソコンが苦手でもつくりやすい方法を考える、ということです。

　その答えは「テンプレート作戦」。毎回、1からつくるのではなく、テンプレート（ひな型）の型（パターン）に当てはめてつくります。

　マニュアルの「型」をつくるときに、ピッタリな身近なアプリが Microsoft Word です。Word は苦手ですか？　心配には及びません。マニュアルに必須の項目に的を絞って使います。

型抜き式に
マニュアルをつくる

∎∎ あれもこれも Word でできる！

Wordを使ったマニュアル作成には、次のメリットがあります。

①構造化

見出しスタイル：段落に「表題」「見出し」などの役割（属性）を設定する

連番・枝番を自動表示：入力せずに、階層的に番号を表示できる

∎ Wordでつくるメリット

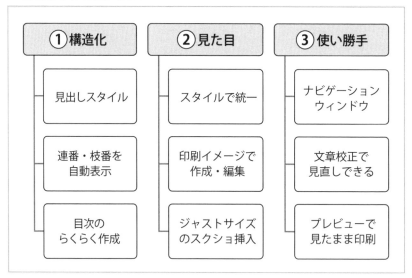

目次のらくらく作成：見出しのレベルを指定して、目次を自動作成できる

②見た目

スタイルで統一：フォントの種類、サイズ、インデント（行頭の位置など）をまとめて登録して、離れた箇所に同じ書式が設定できる

印刷イメージで作成・編集：ヘッダー・フッターや余白など、用紙サイズのイメージそのままに、出来上がりを確認しながら作成・編集できる

ジャストサイズのスクショ挿入：Wordの［挿入］機能を使うと、挿入位置の余白に合わせたサイズでスクショが挿入できる

③使い勝手

ナビゲーションウィンドウ：ナビゲーションウィンドウに表示される見出しをクリックして文書内を移動できる

文章校正で見直しできる：表記のゆれや、文法のチェックを実行して、校正できる

プレビューで見たまま印刷：印刷プレビューの表示状態と変わらない印刷が実行できる

Word推しのキーワードは構造化

「仕事で使っているのはExcelがほとんどで、Wordは使い慣れていないし苦手……」と言う人がいるのは承知のうえで、Wordを推す一番の理由は、Wordは文書を「構造化」できるからです。

構造化と聞くと何だかややこしそうですが、4章で作成した業

務ツリーを思い出してください。ツリーは「カテゴリー→大見出し→小見出し」と階段状の階層構造になっています。マニュアルも同じように**「タイトル→大見出し→小見出し→作業手順」**と階層構造でつくっていくと、全体像がつかめて使いやすくなります。

　Wordでは、見出しの文字を大きくして目立たせるという見た目だけなく、「この段落が見出しですよ」と、段落に役割を設定できます。この役割を利用することで、**目次や見出し番号の自動設定ができる**のです。ExcelやPowerPointでは、見た目の文字サイズは変えられますが、役割までは設定できません。

■■ テンプレートファイルで効率＆品質アップ

　余白や目次などを設定済みのファイルを「テンプレートファイル（ひな型）」として保存しておくと、**文字やデータの入力と最小限の操作**だけで、見た目が揃ったわかりやすいマニュアルを作成できます。

　テンプレートファイルは、WordだけでなくExcelなど他のアプリでも同様に利用できます。

　テンプレートのファイルアイコンは、通常のアイコンをベース

■テンプレートファイルのアイコンと拡張子

| Word 文書 | Word テンプレート | Excel ブック | Excel テンプレート |
| (.docx) | (.dotx) | (.xlsx) | (.xltx) |

としたレポートパッドのようなデザインで、ファイル名拡張子（.docx など）もそれぞれ異なります。

テンプレートファイルは、通常の Word ファイルを基に作成します。テンプレートファイルの具体的な作成方法は、155 ページ「テンプレート形式で『ふぞろい』を防ぐ」をご覧ください。

■テンプレートを活用したマニュアル作成

テンプレートの基になる文書をつくり、
テンプレート形式で保存する

テンプレートファイルから、
個々のマニュアルをつくる

新規文書から毎回マニュアルをつくると、統一感のないバラバラなマニュアルになり、使い勝手が悪くなります。

また、既存のマニュアルファイルを基にしてつくると、別名で保存するつもりが上書きしてしまったり、不要な文言を削除し忘れて残ったりといった、ミス発生のリスクがあります。

どちらも投下時間が増えて、効率がよい作成方法と言えません。

テンプレートファイルを活用することで、効率よくマニュアル作成できます。

知らずに使っている標準テンプレート

実は、私たちは普段からテンプレートを使っています。Word で新規作成しているファイルは、初期設定の標準テンプレート

（Normal.dotm）を基につくられています。

　標準テンプレートは、次の場所に保存されています。

C:¥Users¥（ユーザー名）¥AppData¥Roaming¥Microsoft¥Tem
plates¥Normal.dotm

　標準テンプレートの考え方は、Excel など他のアプリでも同様
です。

∎ Word 文書作成前の準備

　「ルーラー」と「編集記号」は、どちらも Word の初期状態では
非表示です。マニュアル作成に限らず、表示することで、編集状
態が確認できるので、作業が進めやすくなります。設定は、一度
表示にすれば、次回の起動以降も継続されます。

編集記号の表示を切り替える

　編集記号を表示すると、入力・編集状態が見える化されます。

　[ホーム] タブ→ [段落] グループ→ [編集記号の表示 / 非表
示] ↲ をクリックする

ルーラーの表示を切り替える

　ルーラーでは、カーソル位置の、行頭・行末などの段落設定を
視覚的に確認・変更できます。水平ルーラーの数字は、「文字数」
を表わします。

　[表示] タブ→ [表示] グループ→ [ルーラー] チェックボック
スをクリックしてオンにする

■ ルーラー表示

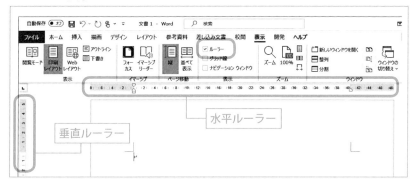

水平ルーラー

垂直ルーラー

Word の編集記号

マニュアル作成で知っておくと便利な編集記号を集めました。

■編集記号

編集記号	名称（キー）	説明
↵	段落記号 【Enter】	↵から次の↵までが 1 つの段落 （段落書式の設定対象）
↓	改行 【Shift】＋【Enter】	段落内の任意の行区切り
→	Tab 記号　【Tab】	4 文字単位（基本）の空白
·····改ページ	改ページ 【Ctrl】＋【Enter】	改ページ位置以降を、次のページから 開始する
□	全角スペース 【スペース】	全角 1 文字分の空白
●	半角スペース 【Shift】＋【スペース】	半角 1 文字分の空白
⚓	アンカー	「文字列の折り返し」が「行内」以外の画像 （グラフィックス）が属する段落を示す

段落記号は、[編集記号の表示 / 非表示] ⏎ がオフでも表示されます。

02 Word テンプレートを 使ってみよう

テンプレート作成の前に、テンプレートのサンプルファイルで、使い方と設定のポイントを確認しましょう。サンプルファイルには、マニュアルに便利な Word の機能を設定済みです。

まずは「えっ、こんなこともできる！」を体験してください。

自分で設定する方法は、129 ページ「Word でテンプレートをつくる」で紹介しています。

■■ (1) テンプレートファイルで新規作成する

本書ダウンロード特典のサンプルファイルを使って、マニュアルの新規ファイルを作成します。

■テンプレートファイルを使った作成ステップ

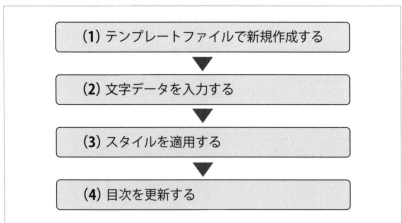

① **テンプレートのファイルアイコンをダブルクリックする**（📁 5 章⇒マニュアルテンプレ（目次）.dotx）

■ テンプレートアイコン

マニュアルテンプレ
（目次）.dotx

② **新規文書「文書 1」が作成される**

タイトルバーにファイル名「文書1」が表示される。

■ テンプレートからの新規作成

> **注意！**
>
> Word の起動後に、［ファイル］タブ→［開く］でテンプレートファイルを開くと、テンプレートの編集状態になり、新規ファイルは作成されません。

■テンプレートのサンプル

「テンプレートのサンプル」（マニュアルテンプレ（目次）.dotx）
は、1章のマニュアル作成サンプル「❷マニュアル作成（総務・
企画）」（16ページ）の作成元のテンプレートです。

　ヘッダーとフッターは、本文の編集中は薄いグレーで表示され
ますが、印刷では濃い色で出力されます。

■■ (2) 文字データを入力する

　テンプレートを基に新規文書を作成したら、マニュアルの内容を入力します。新規文書ですから、早めに「名前を付けて保存」するのをお忘れなく！

①マニュアルの表題（タイトル）を入力する

　枠で囲まれた「表題」の2文を削除し、タイトルを入力する

②ヘッダーに同じ文字列が表示される

　ヘッダーにタイトルを表示する方法は、134ページに記載しています。

■タイトルをヘッダーに表示する

👆 わかりやすさのポイント！

タイトルはマニュアルの看板。ゴシック系フォント、18ポイント以上のサイズで目立たせよう！

③業務概要（サマリー）を入力する

目的、ミスしやすいポイントや特記事項を入力する

■業務概要（サマリー）の入力例

業務目的		使用する備品・データ		
ビジネスマナーをふまえた印象の良い応対で、ヌケ・モレのない情報共有を行う。		ビジネスフォン、電話メモ、筆記具		
ポイント	作業サイクル		担当	所要時間
3コールまでに応答する	随時		業務部	1-5分

わかりやすさのポイント！

手順や説明の前に、業務の概要が表で整理してあると、読み手が業務のイメージをつかみやすい（概要の入力は本文内容の作成後でもOK）

④ヘッダー領域をダブルクリックして、「更新日」「更新者」「承認者」を入力する

■ヘッダーに入力する

わかりやすさのポイント！

更新日、更新者の情報は、マニュアルを安心して使う目印になる

⑤ （13 〜 15 行目の）ダミー文字列（「1. 見出し 1：大見出し」
など）を削除する。

■ダミー文字列の削除

⑥業務の内容（説明・手順）を入力する

■文字列の入力

段落内の改行で行頭番号や記号にぶら下げる

【Shift】＋【Enter】で段落内の改行を行なうと、箇条書き・段落記号を設定したときに、2行目以降をぶら下げて表示できます。

カレンダーから日付を選ぶ

サンプルテンプレートでは、「更新日」の入力セルをクリックすると、カレンダーが表示され、クリックで日付が入力できるように設定しています。

■日付選択コンテンツ コントロール

カレンダーはヘッダー以外の場所にも、［開発］タブ→［コントロール］グループ→［日付選択コンテンツ コントロール］で挿入できます。

■ (3) スタイルを適用する

文字列に「スタイルギャラリー」を使ってスタイルを適用します。「マニュアルテンプレ（目次）.dotx」では、「見出し1」スタイルなどの、フォント、フォントサイズ、段落番号を初期設定から

変更しています。

■ [ホーム] タブのスタイルギャラリー

スタイルギャラリー

スタイルの適用手順

① 設定対象の段落にカーソルを移動する

② [スタイルギャラリー] で、スタイル名をクリックする

■ スタイルの適用

「見出し1スタイル」の設定例

③ 他の段落にも、スタイルを適用する

■ スタイルの適用例

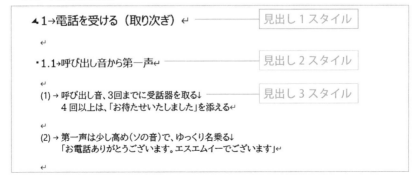

▲1→電話を受ける（取り次ぎ）← ── 見出し1スタイル

・1.1 呼び出し音から第一声← ── 見出し2スタイル

(1)→呼び出し音、3回までに受話器を取る↓ ── 見出し3スタイル
　　4回以上は、「お待たせいたしました」を添える←

(2)→第一声は少し高め（ソの音）で、ゆっくり名乗る↓
　　「お電話ありがとうございます。エスエムイーでございます」←

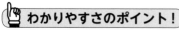
・見出しに目立つフォント、フォントサイズが設定されていると、見出しを拾い読みして、必要な情報を探しやすい
・段落に番号が設定されていることで、どこまで読み進めているかが明らかになり、迷子にならない

スタイルの適用タイミング

　スタイルの利用タイミングには、文字入力が先か、スタイルの適用が先かの2通りがあります。結果はどちらも同じです。

■ スタイルの適用タイミング

スタイルが崩れた!?　そんなときは

　すでにスタイルを適用している段落に、異なるスタイルが適用された文字列をコピペしたときなどに、行頭位置や段落番号が正しく設定されないことがあります。
「スタイルがおかしい？」と思ったときは、まず**「標準」スタイルを適用**して初期状態に戻し、改めて目的のスタイルを選択します。

ナビゲーションウィンドウで移動する

　ナビゲーションウィンドウは、名前の通り、文書内をナビゲート（案内）してくれます。

ナビゲーションウィンドウには、**見出しスタイル**を設定した段落の文字列が表示されます。文字列をクリックすると、見出しのページへジャンプできます。

ナビゲーションウィンドウの表示方法
[表示] タブ→ [表示] グループ→ [ナビゲーション ウィンドウ]

■ナビゲーションウィンドウ

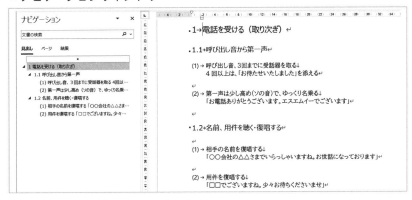

　ナビゲーションウィンドウで右クリックすると、ショートカットメニューが表示されます。ショートカットメニューでは、見出しレベルで表示を展開／折りたたみなどの表示切り替えだけでなく、見出しの追加や削除といった文書の編集も行なえます。

■ナビゲーションウィンドウの
　ショートカットメニュー

■■（4）目次を更新する

入力と編集が進んだら、目次を更新します。目次は自動更新されないので、文書を閉じる前に更新します。

①［参考資料］タブ→［目次］グループ→［目次の更新］をクリックする

■ ［目次の更新］ボタン

②「目次をすべて更新する」を選択して、［OK］をクリックする

■ ［目次の更新］ボタン

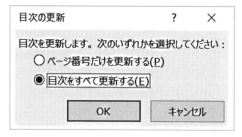

 わかりやすさのポイント！

目次の有無で、マニュアルの使いやすさに大きな差がつく！

目次更新のショートカットキー

目次をクリックして、【F9】のショートカットキーでも目次を更新することができます。

■ テンプレートからの目次作成例

電話応対	更新日	更新者	承認者
	2021/10/01	岩崎	大沢

電話応対

業務目的		使用する備品・データ		
ビジネスマナーをふまえた印象の良い応対で、ヌケ・モレのない情報共有を行う。		ビジネスフォン、電話メモ、筆記具		
ポイント		作業サイクル	担当	所要時間
3コールまでに応答する		随時	業務部	1-5分

目次

1　電話を受ける（取り次ぎ）

1.1　呼び出し音から第一声

(1)　呼び出し音、3回までに受話器を取る
　　4回以上は、「お待たせいたしました」を添える

(2)　第一声は少し高め(ソの音)で、ゆっくり名乗る
　　「お電話ありがとうございます。エスエムイーでございます」

1.2　名前、用件を聴く・復唱する

(1)　相手の名前を復唱する
　　「○○会社の△△さまでいらっしゃいますね。お世話になっております」

(2)　用件を復唱する
　　「□□でございますね。少々お待ちくださいませ」

CHAPTER 5　パソコンスキルに頼らないマニュアルづくりの具体策

127

「Word テンプレートを使ってみよう」では、サンプルテンプレートからマニュアルを作成する方法を、「新規作成～入力～スタイルの適用～目次の更新」と順を追ってたどりました。

　文字を入力して、テンプレートのいくつかの使用ルールを使うだけで、Word の特別なスキルを必要とせず作成できるだけでなく、レイアウトやフォントも統一されるので、「ふぞろいで読みにくい」といったこともありません。

　ダウンロードデータのサンプルテンプレートをそのまま使ってもよし、この後に紹介する「Word でテンプレートをつくる」で、サンプルをカスタマイズするのも、またはオリジナルテンプレートをつくるのもアリです。

「わかりやすさのポイント！」は、Word での作成に限らない、マニュアル作成に共通のポイントです。

Word でテンプレートを
つくる

　ここからは、テンプレートを一からつくる方法です。既存のテンプレートのカスタマイズにも応用可能です。

■ 作成するサンプルテンプレート

　作成するサンプルのテンプレートが次ページです。116ページ「Word テンプレートを使ってみよう」で使用したテンプレートと内容は同一です。

　次ページの説明は、「文書情報（ヘッダー）」や「タイトル」など、マニュアルを構成する要素です。必要な要素をあらかじめテンプレートに仕込んでおくと、ヌケ・モレが防げるだけでなく、マニュアルの品質を一定に保てます。

サンプルテンプレートの設定ポイント

- ・「スタイル」機能を使って、**タイトル、大見出し、小見出し、手順・説明**を設定する
- ・**大見出し、小見出し、手順・説明**には、「アウトライン」機能で１や1.1、（１）などの連番を表示する
- ・**目次**は、「目次」機能で自動作成する
- ・**文書情報と業務概要**は、表を使って情報を整理する

■ サンプルテンプレート

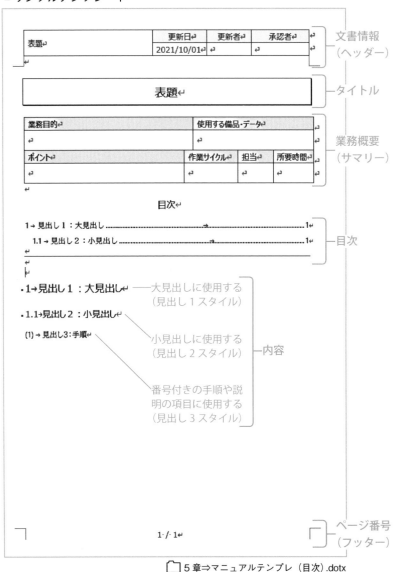

■ Word でテンプレートのベースをつくる

　Word の標準の新規ファイルを使って、テンプレートをつくります。マニュアル作成に便利な3つの Word の機能（見出しスタイル／アウトライン／目次）を、下図の順で設定していきます。

■ Word でテンプレートのベースをつくる

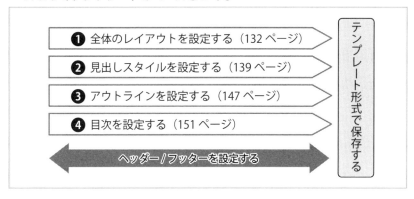

・「全体のレイアウト」は、用紙、余白の設定で、文書全体に影響があるため、最初に行なう
・「見出しスタイル」を設定することによって、「アウトライン」と「目次」が簡単に設定できる
・「アウトライン」とは、行頭に番号を設定する機能のこと
・上余白・下余白に表示する「ヘッダー・フッター」の幅は、余白のサイズに関連するので、全体のレイアウトの設定タイミングで決めておく。

■■ 全体のレイアウトを設定する

　ファイルを新規作成したら、はじめに、用紙、余白、印刷の向きなど、文書全体のレイアウトに関する「ページ設定」を行ないます。ページ設定は作成が進んだ後で変更するとレイアウトが大きく変わるので、最初に設定します。

①ルーラー（114 ページ「Word 文書作成前の準備」参照）の灰色部分をダブルクリックし、［ページ設定］ダイアログを開く

②［用紙］タブで用紙のサイズを
　設定する

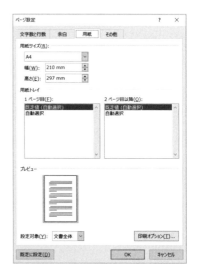

③［余白］タブで、「上」「下」「左」「右」の余白と、［印刷の向き］を設定する

④［その他］タブ「ヘッダーとフッター」の「用紙の端からの距離」を設定する

（本文にヘッダー、フッターが重ならないように、「上」「下」の余白より小さい値を設定する）

■ページ設定の余白

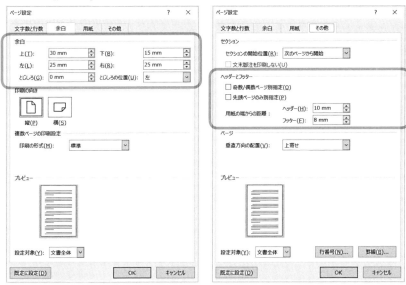

余白は広めに

　余白が少ないと、読み進みにくいだけでなく、気づきや補足のメモも書きにくいので使いにくくなります。

　マニュアルを印刷し、2穴バインダーに閉じる場合を考えて、パンチ穴で印刷内容が抜けないように、左右の余白は25mm以上確保しましょう。

■■ ヘッダーとフッターで管理情報を共有する

　ヘッダー／フッターにマニュアルの文書情報（タイトル、更新日）を入力すると、すべてのページで確認できます。

ヘッダー／フッターの設定項目の例

表題：本文先頭行の「表題」と同じ文字列を表示する

更新日：マニュアルの最終更新日

更新者：最終更新を行なった担当者の名前

承認者：記載内容を確認して承認した担当者の名前

ページ番号（フッター）：ページ番号／総ページ数

■ヘッダーの設定項目の例

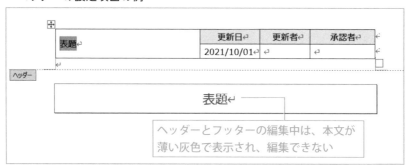

ヘッダーとフッターの編集

　ヘッダーとフッターは、本文の編集中は灰色のテキストで表示され、すぐには入力や編集ができません。ヘッダーもしくはフッター領域をダブルクリックすると、入力・編集できます。本文の編集に戻るには、【Esc】（エスケープキー）を押すか、本文をダブルクリックします。

表で情報を整理する

　サンプルテンプレートでは、ヘッダー領域の「文書情報」と、本文のタイトルのすぐ下に配置した「業務概要」に、表を使っています。表を使うと、複数の項目を整理して見やすく表示できます。

■ 業務概要の設定項目の例

業務目的↵		使用する備品・データ↵			↵
↵		↵			↵
ポイント↵		作業サイクル↵	担当↵	所要時間↵	↵
↵		↵	↵	↵	↵

業務目的：業務を行なう目的、理由（重要性・必要性の共有）
使用する備品・データ：使用するモノ、データ、システム（業務開始後に探して中断しないよう、事前に準備が必要なもの）
ポイント：業務遂行で注意すること、ミスしやすいポイント
作業サイクル：業務発生のタイミング、頻度
担当：業務遂行の担当係名、役割名（個人名は入力しない）
所要時間：投下時間の目安

フィールドコード

　サンプルテンプレートでは、「表題」を入力すると、ヘッダーに同じ文字列が表示されるように設定しています。指定したスタイルを設定した文字列を挿入する「フィールド」という機能を利用しています。

［挿入］タブ→［テキスト］グループ→［クイックパーツ］→
［フィールド］

■ フィールドの設定例（「StyleRef」フィールド）

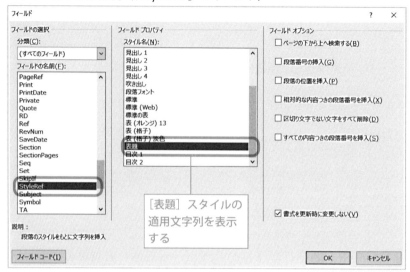

[表題] スタイルの
適用文字列を表示
する

■■ ページ番号を挿入する

ページ番号の見やすさも、使いやすさのポイントです。ヘッダー／フッターのどちらかに必ずページ番号を入れます。

■ ページ番号の挿入

① [挿入] タブ→ [ヘッダーとフッター] グループ→ [ページ番号] をクリックする

② ページの上部・下部などの位置と種類を選ぶ

■ページ番号の挿入例

ページ番号の下の不要な行は、【BackSpace】で削除する

[ページ番号] → [ページの下部] → [X/Y ページ] → [太字の番号2] を挿入した設定例

ページ番号の書式設定

[挿入] タブ→ [ヘッダーとフッター] グループ→ [ページ番号] → [ページ番号の書式設定] で、ページ番号の書式 (1,2,3…、①②③…) や、開始番号を変更できます。

ページ番号の書式設定

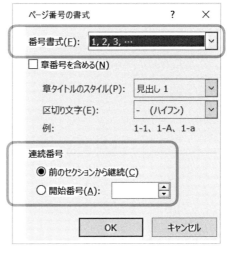

表紙にページ番号を入れない設定

　ヘッダー／フッター領域をダブルクリックして編集状態にして、[ヘッダーとフッター] タブ→ [オプション] グループ→ [先頭ページのみ別指定] をクリックすると、最初のページにはページ番号が表示されません。

　このとき、表紙の次のページに、ページ番号「2」が表示されるので、[ページ番号の書式設定] ダイアログで「開始番号」を「0」に設定します。表紙が0ページ（非表示）、次のページ以降が「1」ページから表示されます。

スタイルでタイトル・見出しを目立たせる

　見出しを目立たせると、情報が探しやすくなります。目立つ見出しには、フォントの種類やサイズの設定が有効です。とはいえ、書式の組み合わせを覚えるのは大変なので、**書式の組み合わせを文書に登録**して効率よく設定しましょう。

■ Word のスタイル機能

　スタイルは、フォントのサイズや段落の配置などの複数の書式を組み合わせて、名前を付けて登録しておく Word の機能です。複数の個所に、同じ書式を設定・更新できます。

　ジャケットとパンツと靴をシーンに合わせてスタイリングするように、マニュアルでよく使うパーツに合わせた書式を組み合わせます。例えば、タイトルには、「表題」というスタイル名で「フォントサイズ 20 ポイントで中央揃え」の書式を設定する、といった使い方です。初期状態はすべて「標準」スタイルです。

■ ［ホーム］タブのスタイルギャラリー

スタイルギャラリー

Excel のスタイル機能

Word のスタイルに似た機能が、Excel の［セルのスタイル］です。ただし設定できるのは、［セルの書式設定］で設定できるフォントやフォントサイズなどの書式のみで、段落の見出しレベルなどの属性（役割）は設定できません。設定方法は 177 ページを参照ください。

■■ 組み込みスタイルを適用する

スタイルギャラリーには、あらかじめ Word に登録されているスタイル（組み込みスタイル）が表示されています。スタイルは、新規作成することもできますが、組み込みスタイルを使うと気軽にスタイルを設定できます。スタイルの新規作成は 145 ページを参照ください。

■スタイル設定前（文字列のベタ打ち）の入力例

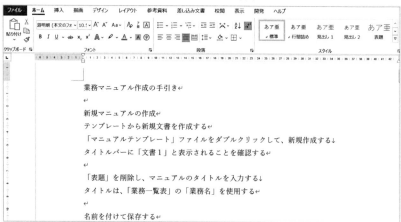

設定対象の段落にカーソルを移動し、スタイルギャラリーから適用します。

①スタイルを設定する段落にカーソルを移動すると、「標準」スタイルが適用されていることが確認できる

■カーソル位置に設定されている「スタイル」

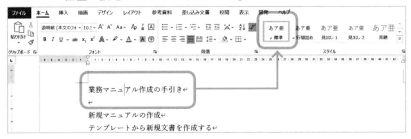

②［ホーム］タブ→［スタイル］グループ→［スタイルギャラリー］で設定するスタイル名をクリックしてスタイルを適用する

■「表題」スタイルの適用例

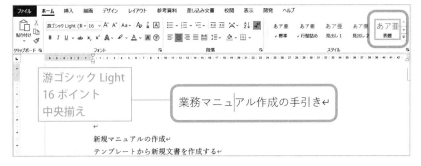

スタイルの設定例

　サンプルテンプレートでは、4種類のスタイルを使用しています。

■ スタイルの適用例

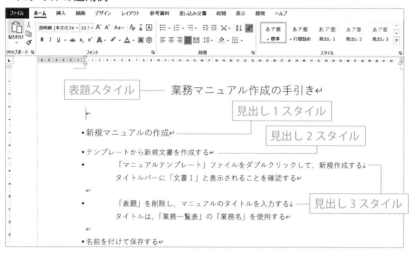

スタイル名	段落の文書内での役割
表題	マニュアルのタイトル
見出し1	大見出し
見出し2	小見出し
見出し3	操作の手順

　見出し3スタイルは、**操作の手順**のスタイルとして使用しますが、アウトライン機能で行頭番号を自動設定するために**「見出しスタイル」**を使用しています。

■ スタイルの書式を更新する

　組み込みスタイルの書式は、フォントやフォントサイズを変更して、「スタイルを更新」することでカスタマイズできます。スタイルを更新して、マニュアルのタイトルや見出しを、さらに目立たせましょう。見出しを目立たせることで、必要な情報が探しやすくなります。

「見出し 1 スタイル」を更新する

① 「見出し 1」を設定した段落の書式（フォントの大きさ、色、行間など）を変更する

② ①の段落を範囲選択して、［スタイルギャラリー］の［見出し 1］を右クリックする

③ ［選択個所と一致するように見出し 1 を更新する］を選択する

④ スタイルギャラリーに、更新した書式が反映される

パソコンスキルに頼らないマニュアルづくりの具体策

■ スタイルの更新

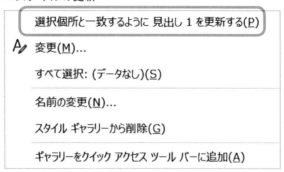

	選択個所と一致するように 見出し 1 を更新する(P)
A✎	変更(M)...
	すべて選択: (データなし)(S)
	名前の変更(N)...
	スタイル ギャラリーから削除(G)
	ギャラリーをクイック アクセス ツール バーに追加(A)

スタイルの更新例

■ スタイルの更新例

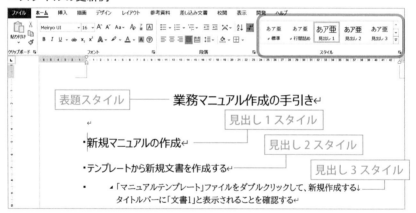

スタイル名	更新した書式
表題	18 ポイント、Meiryo UI
見出し 1	16 ポイント、Meiryo UI
見出し 2	14 ポイント、Meiryo UI
見出し 3	12 ポイント、BIZ UDP 明朝 Medium
標準	12 ポイント、BIZ UDP 明朝 Medium

［標準］スタイルを更新しておくと、表題や見出しスタイルで設定した以外の段落の文字を 12 ポイントに揃えることができます。

スタイルの新規作成

　書式を組み合わせて名前を付けた、オリジナルのスタイルも作成できます。

①フォントや段落などの書式を設定した箇所を範囲選択し、［スタイルギャラリー］の［その他］→［スタイルの作成］をクリックする

②［名前］ボックスにスタイル名を入力し、［OK］をクリックする

■新しいスタイルの作成

多機能な見出しスタイル

　見出しスタイルは、組み込みスタイルのなかでも、文書の「見出し」としての役割を持った特別なスタイルです。

　見出しスタイルを設定することで、次の機能との連携が容易になります。

　・枝番を含む**構造的な連番（アウトライン）**の表示

　・目次の作成・更新

　・ナビゲーション ウィンドウ

新規・更新スタイルの保存先

　新規作成または更新したスタイルは、編集中のファイルに保存されます。

　編集中のファイルをテンプレート形式で保存して、そのテンプレートからファイルを新規作成することで、新規作成・更新したスタイルを別のファイルで使えます。

連番・枝番は手入力しない

　行頭に番号があると、マニュアルを使って業務を行なうときに、進捗が把握しやすくなります。しかし、番号を手入力していると、マニュアルの更新時に追加・移動があったとき、番号を振り直す手間が発生してかなり面倒です。見出しスタイルを利用して、番号を Word に自動入力させましょう。

新しいアウトラインの定義

①「見出し1」スタイルが設定されている先頭の段落（番号を表示する最初の段落）にカーソルを移動する

②［ホーム］タブ→［段落］グループ→［アウトライン］をクリックする

③［新しいアウトラインの定義］をクリックする

■新しいアウトラインの定義

④[オプション] ボタンをクリックする

⑤[変更するレベルをクリックしてください] ボックスで「1」
　を選択する

⑥[レベルと対応付ける見出しスタイル] で「見出し1」を選択
　する

⑦ ⑤⑥と同じように [レベル2] と「見出し2」、[レベル3] と
　「見出し3」……を対応付ける

⑧[OK] をクリックする

■新しいアウトラインの定義ダイアログ

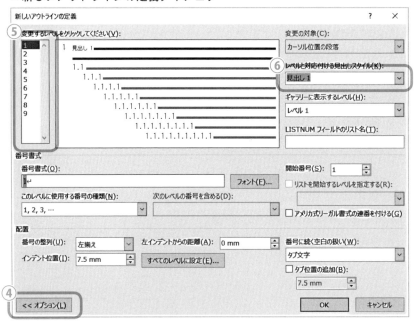

アウトラインの設定例

　スタイルギャラリーにも、アウトラインで追加した行頭番号が表示されます。

■番号書式のアレンジ

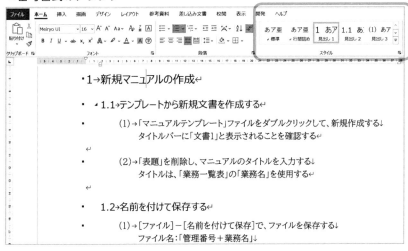

番号のアレンジ

　番号の種類を、①②③、A,B,C などに変更したり、「番号書式」のボックスに、第1章、(1) のように文字や括弧を追加したりして、番号をアレンジできます。

■番号書式のアレンジ

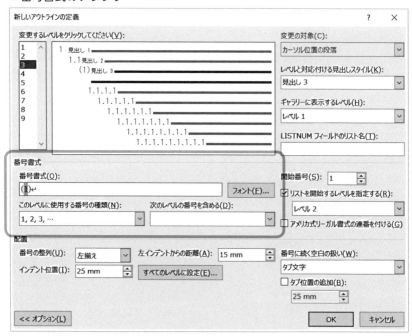

150

目次を Word につくらせる

　ページ数が多くても、目次があると検索性が一気に高まります。アウトライン機能と同じく、見出しスタイルを利用して、目次をWordに作成させましょう。

∷ 目次の挿入

① 目次を挿入する位置にカーソルを移動する
② [参考資料] タブ→ [目次] グループ→ [目次] をクリックし、[ユーザー設定の目次] をクリックする
③ [アウトライン レベル] を設定する
④ [OK] をクリックする

■目次

アウトライン レベルと見出しスタイルの対応

「アウトライン レベル」の設定値 1 ～ 9 は「見出し 1 ～ 9」スタイルの数字と対応しています。アウトライン レベル「2」を設定すると、「表題」「見出し 1」「見出し 2」スタイルを含む目次が作成されます。

目次の作成例

アウトライン レベル「2」(「見出し 2」まで使用) を設定した目次の作成例です。

■目次作成例

目次には、ハイパーリンクが設定されます。【Ctrl】を押しながらクリックすると、該当ページへジャンプします。

■目次のハイパーリンク

作業中の文書
Ctrl キーを押しながらクリックしてリンク先を表示

目次には、［フィールドコード］が使われています。

参照する内容のページ番号を表示する

マニュアル内で他のページを参照する場合、参照する箇所のページ番号が記載されていると、参照が容易になります。

① 参照箇所のページ番号を表示する位置にカーソルを移動する

■相互参照の設定場所

> ▲ 5.1→目次の挿入↵
>
> ▲ (1) → カーソルを、目次を挿入する位置に移動する↓
> 　　※スタイルの設定方法は、ページを参照↵

　　　　　　　　　設定個所を指定する

② ［参考資料］タブ→ ［図表］グループ→ ［相互参照］を選択する

■相互参照

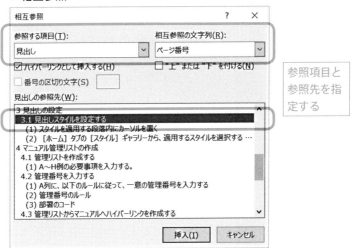

参照項目と
参照先を指
定する

③ 参照先を選択し、［挿入］をクリックする

■ 相互参照（ページ番号）の設定例

> 5.1→目次の挿入↵
>
> ▲ (1) → カーソルを、目次を挿入す | 作業中の文書
> **Ctrl キーを押しながらクリックしてリンク先を表示**
> ※スタイルの設定方法は、4 ページを参照↵
>
> ページ番号が挿入される

　相互参照にもハイパーリンクが設定されるので、目次と同様、【Ctrl】を押しながらクリックすると、該当ページへジャンプできます。［フィールドコード］が使われているので、設定個所の右クリックで［フィールド更新］をクリックすると、最新の文字列（ページ番号）に更新できます。

文書内のすべてのフィールドを更新する

　フィールドは目次や相互参照など、更新の可能性がある箇所に使われます。

　文書全体を選択してからフィールドを更新すると、文書内のすべてのフィールドを一度に更新できます。

① 【Ctrl】＋【A】を押し、文書全体を選択する
② 右クリックで［フィールド更新］をクリックする

07

テンプレート形式で 「ふぞろい」 を防ぐ

　　ここまで作成したファイルから、新たにつくるマニュアルに不要な文字列を削除し、作成に取りかかりやすいサンプル文字列を入力してテンプレートの「元」を整えます。130ページの「サンプルテンプレート」の状態です。このWord形式のファイルを繰り返し使えるように、テンプレート形式で保存します。

■ テンプレートとして保存する

① テンプレートの元となる文書を開いて、[名前を付けて保存]を開く（【F12】）

■ テンプレートとして保存

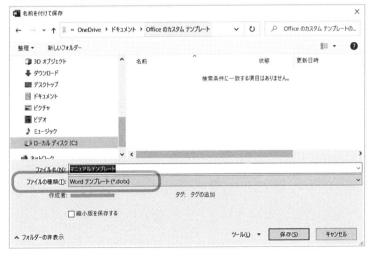

②［ファイルの種類］で「Word テンプレート（*.dotx)」を選択
③保存場所とファイル名を設定して［保存］をクリックする
④開いているファイルとは別に、テンプレート形式のファイル
　が新規保存される

∷ テンプレートファイルを編集する

　テンプレートファイルのアイコンをダブルクリックすると、テンプレートを基に新規ファイルが作成されます。テンプレートファイルそのものを編集する場合は、次のいずれかの方法でファイルを開いて編集します。

右クリックで開く
①テンプレートファイルのファイルアイコンを右クリックする
②ショートカットメニューの［開く］を選択する

Word の起動後に開く
① Word を起動する
②［ファイル］タブをクリックし、［開く］をクリックする
③テンプレートファイルを保存したフォルダーを指定して、ファイルを開く

　既定では、テンプレートからマニュアルを作成した後で、元のテンプレートファイルを編集しても、作成済みのマニュアルには自動で編集内容は反映されません。編集後のテンプレートから新規に作成したマニュアルには、編集内容が反映されます。

■■ 長文編集に便利なアウトライン表示

［表示］タブ→［表示］グループ→［アウトライン］で、文書の表示モードを「アウトライン表示」に切り替えると、ナビゲーションウィンドウと同様に、見出しレベルでの絞り込みや段落の移動が行なえます。

ナビゲーションウィンドウとは以下が異なります。

・見出しスタイル以外の段落もすべて表示できる

・画像の代わりにスペースが表示される

見出しレベルの上げ下げや、広い範囲を簡単に入れ替えるなど、文書全体の構成を俯瞰して考えることができます。

■アウトライン表示

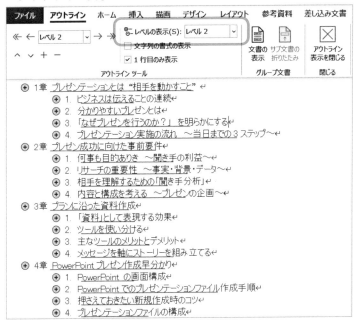

08 スクショ・写真は手軽に、レイアウトはシンプルに

　文字で説明しにくい場合の写真や図、システムの操作マニュアルでのスクリーンショットは、どちらもわかりやすいマニュアルに不可欠です。最小限の手間で手軽に取り込み、見やすく、更新しやすいレイアウトにしましょう。

　この項目で紹介する機能は、Office 製品共通です。

■ 画像（写真・スクショ）のレイアウトポイント

　パソコンが得意な人がつくったマニュアルは、スクショの左右に説明がレイアウトされていたり、写真が見栄えよく重ね合わせてあったりして見やすいのはよいけど、いざマニュアルを更新しようというときに手が出せない状態になりがちです。

　これは、複雑な関数やマクロが挿入された Excel ファイルを、ちょっとだけ修正したくてもできない状態に似ています。

　マニュアルは更新することを前提に、シンプルなレイアウトが鉄則です。シンプルレイアウトは、更新だけでなく作成の手間と時間も省きます。

画像レイアウトのルール例
　見る人の視線の流れに合わせてレイアウトします。
・画像はすべて中央揃え（もしくは左揃え）
・画像の左右に余白があっても、文字をまわり込ませない

・同じページに収めるために、画像同士を重ねるなどの調整は
しない（92ページ「配置：シンプル・すっきりレイアウト」
参照）

■ スクショ挿入の3つの方法

スクショの挿入には、複数の方法があります。**2**と**3**はコピー
なので、Wordで［貼り付け］を実行します。

スクショ**1**：Wordの［スクリーンショット］機能

Word、ExcelなどのOffice製品では、他のウィンドウのスク
ショを直接挿入することができます（2010バージョン以降）。

① ［挿入］タブ→［図］グループ→［スクリーンショット］をク
リックする
② ［使用できるウィンドウ］から挿入したい画面ショットをクリ
ックする

■ Wordでスクショ

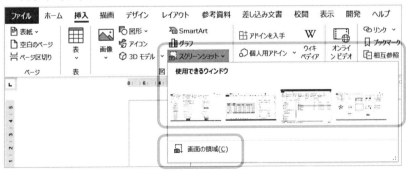

選択した範囲のスクショを挿入する

［挿入］タブ→［図］グループ→［スクリーンショット］で、メニューの一番下に表示される［画面の領域］をクリックし、ドラッグで範囲を指定してスクショを挿入できます。挿入した後で切り抜く、トリミングのひと手間を減らせます。

スクショ②：キーボードの［Print Screen］キー

キーボードショートカットでもコピーすることができます。

【Print Screen】：全画面をコピー

【Alt】＋【Print Screen】：アクティブウィンドウをコピー

【■ Windows】＋【Print Screen】：全画面のスクリーンショットを、［ピクチャ］フォルダーの［スクリーンショット］フォルダーに自動保存

スクショ③：Windows アクセサリの「Snipping Tool」

Windows アクセサリの「Snipping Tool」は、［遅延］で秒数を指定して、メニューを開いた状態のスクショを挿入できます。

① ［スタート］ボタン→［Windows アクセサリ］→［Snipping Tool］をクリックする

② ［モード］、［遅延］を選択し、［新規作成］をクリックして範囲を指定して、画面をコピーする

■ Snipping Tool

切り取り＆スケッチ

「Snipping Tool」の後継アプリで、アプリ内でトリミングができます。

【 🪟 Windows】＋【Shift】＋【S】で起動

■切り取り＆スケッチ

▊▊ 画像の不要部分をカットする（トリミング）

　写真やスクショは、読み手に過多な情報にならないように、必要な部分以外はカットしましょう。

①トリミングする図をクリックして選択する
②［図の形式］タブ→［サイズ］グループ→［トリミング］を選択する
③画像の四隅または各辺の中央のトリミングハンドルをドラッグして不要な範囲を指定する

④画像以外を
クリックして
トリミングを
実行する

■画像のトリミング

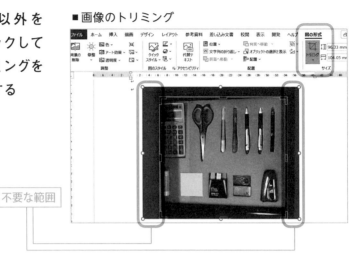

不要な範囲

画像の挿入

①画像（写真）を挿入する位置にカーソルを移動し、[挿入] タ
ブ→ [図] グループ→ [画像] をクリックする
②画像ファイルを選択し、[挿入] ボタンをクリックする

■ ぼやけた画像をシャープにする

　明るさやシャープネスを調整すると、写真やスクショがより見
やすくなります。

①画像をクリックする
②[図の形式] タブ→ [調整] グループ→ [修整] をクリックする
③[シャープネス] [明るさ /コントラスト] のそれぞれから、
　修整後のサムネイルを選択する

スクショは、シャープ
ネスと明るさの値を上げ
ると、文字が鮮明になり
ます。写真は、明るさを
1段階上げると印刷時の
"暗くてわかりにくい"
を防げます。

■ 修整（シャープネスと明るさ）

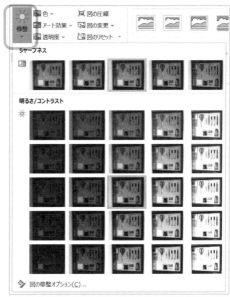

■■ ファイルサイズを小さくする（図の圧縮）

　スクショや写真が多いと、ファイルサイズが大きくなってしま
います。［図の圧縮］を実行して、画像の保存サイズを小さくし
ておきましょう。

①画像を選択し、
　［図の形式］タブ
　→［調整］グルー
　プ→［図の圧縮］
　をクリックする

■ 図の圧縮

②「圧縮オプション」と「解像度」を設定し、[OK] をクリック
する

■ 画像の圧縮

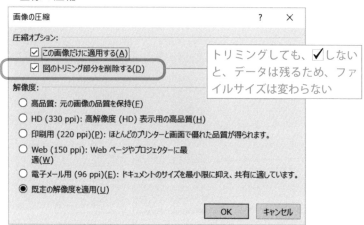

「この画像だけに適用する」チェックを外せば、ファイル内の画
像すべてを圧縮できます。［図の圧縮］は画像挿入の都度でなく、
マニュアルの出来上がり時の一度で OK です。

Word の「文字列の折り返し」

　Word が敬遠される理由のひとつが、「画像を自由にドラッグ
して動かせない！」ことです。

　Word の初期設定では、挿入した画像は、行の中で文字列と同
じように「行内」でレイアウトされます。ですからマニュアルで
は、「行内」のままで、「文字列の折り返し」をしないシンプルな
レイアウトがおすすめです。

▪▪ 画像を自由にレイアウトしたいときは

　レイアウトオプションで、「文字列の折り返し」を選択すると、画像をマウスのドラッグで移動したり、複数画像を重ね合わせたりできます。

■文字列の折り返し

09 既存データを 効率よく使いまわす

既存のマニュアルやデータがあれば、コピー＆貼り付け（コピペ）で活用します。コピー元がどのアプリでも、コピペで気をつけたいのが、「書式」です。

■■ データのコピー・貼り付けのポイント

コピー元の書式が、マニュアルファイルに混ざると、書式の統一が崩れて、見た目が揃わなくなるだけでなく、編集もしづらくなります。

WordやExcelファイル、Webページからデータをコピーする場合は、**コピー元からフォントやフォントサイズ、色などの書式がマニュアルにコピーされないように、「テキスト（文字情報)」だけを貼り付け**ます。

■■ 「貼り付けオプション」で貼り付ける

「テキスト（文字情報)」の貼り付けには、［貼り付けのオプション］を使います。
① 貼り付けた範囲の右下に表示される［貼り付けのオプション］ボタンをクリックする
② ［テキストのみ保持］をクリックする

■: Excel の「表」を Word に貼り付ける

Excel のデータ範囲を、マニュアルで「表」の形式で使用する場合は、表のタイトルなどは含まずに範囲選択します。
① Excel で表のセル範囲を選択し、コピーする
② Word で［貼り付け］を実行後、［貼り付けのオプション］をクリックして貼り付け方法を選択する

■ Excel から表を貼り付けた例

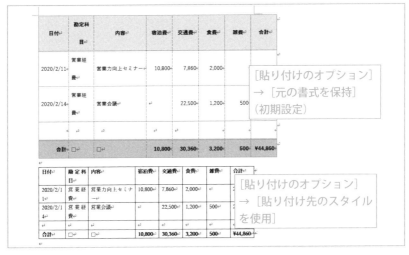

■ Excel データを「文字列」として使う場合

　Excel で作成したマニュアルや文字列がメインの文書をコピーして、「テキストのみ保持」で貼り付けると、セルが「タブ文字」に置き換わります。じゃまな「タブ文字」は、置換で一気に削除しましょう。

① Excel で表のセル範囲を選択し、コピーする
② Word で［貼り付け］を実行後、［貼り付けのオプション］→［テキストのみ保持］を選択する

```
共有サーバー利用マニュアル →    →      →       →       →      →
    →   ↵
    →      →      →      →      →      →      →   作成:システム管理課↵
    →      →      →      →      →      →      →      ↵
1   →   第2階層まではフォルダーのみ保存する↵
    →      →   第1階層：  →  「各部署」フォルダー、「社内共通」フォルダー  →
    →      →      →      →      ↵
    →      →   第2階層：  →  「各課」フォルダー、「部署共通」フォルダー  →
    →      →      →      →      ↵
    →      →      →      →      →      →      ↵
2   →   ファイルは第3階層以降に保存する  →     →      →      →
    →      →      ↵
3   →   各階層に「一時保存」フォルダーを作成する  →     →      →
    →      →   ※不要・不明なファイル・フォルダーは削除せず「一時保存」へ移動する
    →      →      →      →      →      →      ↵
    →      →   ※年度末(3月末)に、担当者が「一時保存」内を空にする→   →
    →      →      →      →      →      ↵
4   →   ファイル/フォルダー名の文字種→     →      →      →
    →   ↵
    →      →   全角文字   →   漢字、ひらがな、カタカナ  →     →
    →      ↵
    →      →   半角文字   →   数字、アルファベット  →     →
    →   ↵
```

③ タブを削除する範囲（貼り付けた表の範囲）を選択する
④［検索と置換］の［置換］タブを開く（【Ctrl】＋【H】）
⑤［オプション］をクリックする

168

⑥［あいまい検索（日）（J）］をオフにする

⑦［特殊文字］をクリックし、「タブ文字」をクリックする

⑧［検索する文字列］に、「^t」と表示される

⑨［すべて置換］をクリックする

⑩メッセージが表示されたら、［いいえ］をクリックする

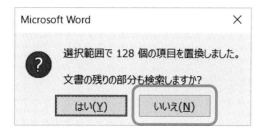

■ 置換後のサンプル

共有サーバー利用マニュアル
作成：システム管理課

1 第 2 階層まではフォルダーのみ保存する
第 1 階層：「各部署」フォルダー、「社内共通」フォルダー
第 2 階層：「各課」フォルダー、「部署共通」フォルダー

2 ファイルは第 3 階層以降に保存する

3 各階層に「一時保存」フォルダーを作成する
※不要・不明なファイル・フォルダーは削除せず「一時保存」へ移動する
※年度末（3 月末）に、担当者が「一時保存」内を空にする

4 ファイル/フォルダー名の文字種
全角文字漢字、ひらがな、カタカナ
半角文字数字、アルファベット

10 作成後のチェック
～文章校正機能を活用しよう～

　Wordでマニュアルを作成しているなら、使わないともったいない機能が文章校正機能の「エディター」です。マニュアルがひと通り出来上がったな、というタイミングで実行します。

　半角・全角や、「データ／データー」などの表記のゆれ、英単語のスペルミスなど基本的な項目がチェックできます。

①【F7】を押す（文書全体が対象なので、カーソル位置はどこでもOK）
②［エディター］ウィンドウで、数字が表示されている項目をクリックして修正する

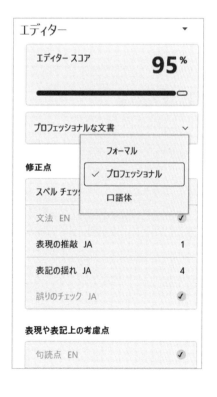

■ マニュアル作成に便利なショートカットキー

時短作成に役立つショートカットキーを集めました。

Word

Shift+Enter	カーソル位置で改行する
Ctrl+Enter	カーソル位置で改ページする
F7	エディター（文章校正）を実行する
F9	目次（フィールド）を更新する
Ctrl+Alt+1	「見出し1」スタイルを設定する
Ctrl+Alt+2	「見出し2」スタイルを設定する
Ctrl+Alt+3	「見出し3」スタイルを設定する
Ctrl+Shift+N	「標準」スタイルを設定する

Office 共通

Alt+Tab	開いている画面を切り替える
Alt+F4	使用中の画面を閉じる（プログラムの終了）
Ctrl+S	上書き保存する
Ctrl+Z	操作を元に戻す
Ctrl+Y	操作をやり直す
Ctrl+F	[検索] ウィンドウを開く Word：[ナビゲーションウィンドウ] を開く
Ctrl+H	[置換] ウィンドウを開く
Ctrl+P	[印刷] 画面を開く
Ctrl+C	選択した項目をコピーする
Ctrl+X	選択した項目を切り取る
Ctrl+V	コピー・切り取った項目を貼り付ける
F12	名前を付けて保存する

11

印刷・閲覧用は
PDF 形式で共有する

　マニュアルの閲覧・印刷に、マニュアルのファイルをそのまま利用すると、うっかり上書きや削除のリスクがあります。PDFにしておけば、ファイル損傷のリスクが減るだけでなく、スマホやタブレットなどパソコン以外でも高い再現性で閲覧できます。

　Word で PDF 形式の保存を実行すると、目次のハイパーリンクだけでなく、見出しスタイルを PDF のしおり（ブックマーク）として活用できて便利です。

PDF 形式の保存

① [名前を付けて保存] を開く（【F12】）
② [ファイルの種類] で、「PDF（*.pdf)」を選択する
③ ファイル名と保存先を設定して、[保存] をクリックする

■■ 見出しスタイルをブックマークにする

［オプション］の設定で、
見出しスタイルからブック
マーク（しおり）を作成で
きます。

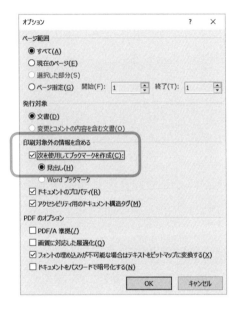

■ PDF 作成例

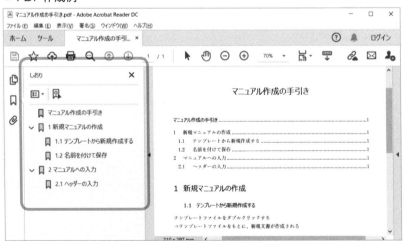

12 Excel・PowerPoint の メリット or デメリット

　日常の業務では、Word よりも Excel をよく使うという方のほうが多いのではないでしょうか。マニュアルの内容によっては、使い慣れた Excel のほうが適切な場合もあります。

　文章中心のマニュアルなら Word がおすすめですが、Excel でつくる場合のポイントをご紹介します。

■ Excel マニュアルに向く内容・向かない内容

　Excel に向くマニュアルの内容には次のようなものがあります。

・取引先や商品ごとに掛け率が異なるため**計算式**を含む
・商品の追加で**並べ替え**を行なう必要がある
・顧客別の情報を、**複数シートに分けた表**で作成・管理したい

　このように、マニュアルで共有したい情報が、「表計算ソフト」の機能と一致するときは、Excel 向きと言えます。

　Word でも表は作成できますが、Word の表は文書の中でのレイアウトのひとつとしての位置付けなので、大量のデータ管理には向きません。

Excel でマニュアルを作成するときのコツ

「Word は不慣れだから Excel でつくる」は、おすすめできませんが、**Excel で文章メインのマニュアルを作成する**場合は、次の点に注意しましょう。

- 原稿用紙のように、列幅・行高を同じにして、セルをマス目使いしない
- 列幅の変更、列の追加・削除を禁止する（シートの保護）
- セル結合は行なわない
- セル内の文字列の折り返し、縮小を使わない
- 「文章は A 列と B 列だけ」など、文章を入力する列を特定する

ねらいは、更新のしやすさと文字列のコピペのしやすさです。

Excel は画像が自由にレイアウトできるので、画像に合わせてあちこちの列のセルに文字を入力して、見た目を整えてしまいがちですが、読みやすさと更新しやすさのためにも、レイアウトはシンプルが一番です。

シートの保護

シート全体のセルのロック解除
を行なってから、［シートの保護］
の列に関する✓をオフにすると、
列幅の変更、列の追加・削除を禁
止できます。

［ホーム］タブ→［セル］グループ
→［書式］→［セルのロック］／
［シートの保護］

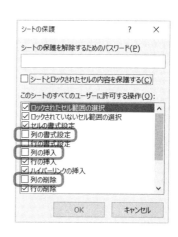

セルのスタイル

Excel で作成するときは、140 ページで紹介した［セルのスタ
イル］で、タイトルや見出しのフォントやフォントサイズのルー
ルをつくってテンプレートで運用すると、マニュアル間で統一し
やすくなります。

［ホーム］タブ→
［スタイル］グルー
プ→［セルのスタイ
ル］→［新しいセル
のスタイル］

スタイル上で右クリックすると、
書式を［変更］できる

［新しいセルのスタイル］を作成

Excel で作成した際のもうひとつのデメリットは、印刷が苦手な点です。

文章中心のマニュアルを Excel で作成する場合は、**[改ページプレビュー]で印刷範囲を設定**し、入力や編集作業では**[ページレイアウト]表示**を使って、ページ範囲を意識しながら作成しましょう。

■ PowerPoint でつくるパラパラ紙芝居式マニュアル

PowerPoint を使うと、写真や音声、動画などのメディアをスライドに自由にレイアウトしたマニュアルを作成できます。その反面、1枚1枚のスライド単位で作成するため、業務の流れが見えにくくなってしまうデメリットがあります。

メリット

- ・スライドに、テキストボックスや写真、表などの各オブジェクトを自由に配置できる
- ・スライドショー形式や PDF 形式で保存して、スマホ・タブレットでスワイプする紙芝居形式に作成できる

デメリット

- ・レイアウトの自由度が高いため、更新するときに PowerPoint スキルの有無で難易度が左右される
- ・各スライドで、タイトルと箇条書き以外の構造化ができないため、目次、連番の作成が手作業のみになる

・テキストボックスの文字は、図形として扱われるため、Wordにエクスポートできるのは、プレースホルダーの文字のみ

　図、写真をメインにしたスライドは、手順がイメージしやすくわかりやすさもアップしますが、現場で実務に使うときのポイントや詳細説明が不足しがちです。
　また、1枚のスライドに複数の手順を収めようとすると、一直線に並ばず、スライド上でジグザグに視線が動き、読み手が作業の途中で迷子になってしまいます。

■ PowerPointマニュアルに向いた業務

　もちろん、PowerPointならではの特性を活かして作成できるマニュアルもあります。

・**写真がメイン**で文章での説明が少ない作業手順マニュアル
・スライドに動画や音声を挿入して、スライドショー形式で使用するマルチメディアなマニュアル
・プレゼンテーションファイルを［ビデオの作成］機能でビデオに変換する**動画マニュアル**

　いずれの場合も、1枚のスライドに複数の作業を含めず、「作業の1ステップ＝1スライド」の作成がおすすめです。

パソコンの得手・不得手にマニュアル作成を左右させない

▶**テンプレートで「型」を使いまわす**
- ・一定のルールに従うことで、つくるときの迷いが減る
- ・統一感のあるマニュアルを作成できる

▶ **Word でつくるメリット**
「見出しスタイル」による構造化
- ・書式が揃う、フォントサイズなど覚えなくてよい
- ・目次、行番号を自動で表示→手間いらず＆探しやすい
- ・論理的な文書になる

▶**画像（写真・スクショ）の扱い方**
- ・スクショ挿入の方法とレイアウト
- ・画像編集ソフトを使わず調整（明るさ・シャープネス）

▶**目的に合わせたアプリの使い分け**
- ・Excel 　　　：計算、並べ替え、情報を表形式で整理
- ・PowerPoint：画像・音声・動画のマルチメディア活用
- ・PDF 保存　：作成後に変換して、スマホやタブレットで活用

「スタートアップシート」（34 ページ）を見直してみましょう。

5W1H は出揃ってきましたか？

How（どのように）の What にぴったりな形は見えてきましたか？

見える化した **What（対象業務）**の優先順位は共有できていますか？

CHAPTER

6

活用・更新で
マニュアルが活きる

前章までで、「マニュアルをつくる」はひと区切りです。

この最終章では、つくった後について考えましょう。

「これからつくるのに、つくった後のことを考える？」。ちょっと気が早いと思うかもしれませんが、つくった後の管理・更新のしくみを見据えておかないと、「つくって終わり」の残念マニュアルに一直線です。

01 速く&小さくつくり、使いながら育てる

マニュアルに「完成」はありません。早ければ数ヶ月で「更新」が待っています。つまり完成ではなく「完走」です。まずは、業務開始のトリガー（きっかけ）から完了までの流れを、骨組みだけでよいのでマニュアルという形に見える化しましょう。マニュアルは、リリースして使いながら組織で育てていきます。

マニュアル作成の PDCA

マニュアルづくり全体を PDCA の視点で表わしてみました。

■ マニュアル作成の PDCA

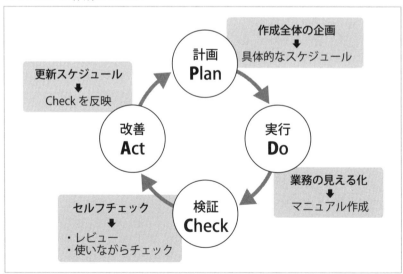

PDCA をぐるぐるとまわしていくことで、バウムクーヘンのように、マニュアルを少しずつ育てて、大きくしていきます。

　システム開発では、「アジャイル開発」という言葉が使われます。マニュアル作成も、**「速く小さくつくって、使いながらアップデート」**のアジャイル開発型がぴったりです。

計画(Plan)

　作成全体を俯瞰して、5W1H で企画したうえで、具体的なスケジュールに落とし込みます。アジャイルですから、「完璧」な計画にこだわりすぎず、**時間を区切って**次のフェーズに進みます。

実行(Do)

　いきなりのマニュアル作成は失敗のもとです。**「業務の見える化→対象業務の選択→改善」**の下ごしらえをしてから、作成に着手します。このフェーズもゴールを「完璧」に置かず、時間から逆算して取り組みましょう。

検証(Check)

　作成したマニュアルのセルフチェックが済んだら、チームメンバーや上司にレビューをお願いします。レビュー後は、**速やかにリリースして使いながらチェック**です。

改善(Act)

　セルフチェックして改善、レビューで改善、使いながら改善。チェック後の改善は、PDCA の真骨頂ですが、ここで途切れて

しまいやすいのも事実です。次のサイクルへとつなげていくために、改善、つまり**更新をどのように「しくみ」にして定着していくか**が、マニュアルの未来を握っています。

セルフチェックリスト

　検証（Check）は、セルフチェックからスタート！
　リモートワークの普及で一層ペーパーレス化が叫ばれていますが、プリントアウトをしてチェックすることは、やはり有効です。

概要	1	内容が一目でわかるタイトルを付けているか
	2	業務の目的が書かれているか
	3	目次・見出しは内容と一致しているか（更新しているか）
	4	出来上がり・仕上がりの基準が明らかか
	5	投下時間の基準が明らかか
	6	更新についての記述（いつ・誰）があるか
内容	7	なにを行なうかが具体的か
	8	誰が実行するかが明らかか
	9	いつ実行するかが明らかか（実施タイミング）
	10	どのように行なうかが明らかか
	11	どこで実行するかが明らかか
	12	使用する道具やデータ・文書は明らかか
	13	プロセス・手順は適切か
読みやすさ	14	文体（です、である）は統一されているか
	15	ひとつの文が 50 字以上の文は 2 つに分けているか
	16	誤字・脱字はないか【校正】
	17	表記のゆれはないか【校正】
	18	数値（日付、時刻、金額、数量）は正しいか
	19	平易な語句・表現を使用しているか
	20	体言止めで終わっていないか【あいまいさ回避】

　　　　　　　　　　　　　　　　6章⇒セルフチェックリスト.docx

■■ 使いながら育てる

　もちろん、マニュアルのユーザー、対象業務によって、マニュアルに求められる完成度は異なります。マニュアルのユーザーが、新入社員や臨時職員で、「この作業を、いますぐマニュアルを参照して行なってほしい」という業務なのに、「骨組みだけ」のマニュアルを渡されたら、ユーザーは途方に暮れてしまいます。

　しかし、マニュアル作成に取りかかると、「完成されたパーフェクトなマニュアル」ありきになって作成が進まず、取り組みが頓挫してしまう例が本当に多いのです。

使いながら育てるもうひとつの目的

「速く＆小さくつくり、使いながら育てる」。

　これには、最初から完璧を目指さないでマニュアルをつくる、つまりハードルを下げるというねらいがありますが、実はもうひとつ大きな目的があります。

「どうやったらもっと使いやすくなるだろう」と考えながらマニュアルを使うことによって、「マニュアルを使うこと」に**自分事として積極的に関わる**姿勢を醸成するという目的です。

　マニュアルは、つくって配っただけでは使われません。新しいシステムやグループウェアを導入するだけでは、業務効率が一気に上がらないのと同じで、メンバーの **「使うスキル」** が必須です。

「使いながら育てる」ことで、使うスキルが高まり、マニュアル定着への土台をつくることができます。

マニュアルのマニュアルを
つくる

「マニュアルのマニュアル」。ロシアのマトリョーシカ人形みたいですが、「マニュアルのつくり方・使い方」のマニュアルの作成も必須です。

ねらいはひとつ、「マニュアルをつくる・使う・更新する」を共有することです。

■ マニュアルのマニュアルをつくろう

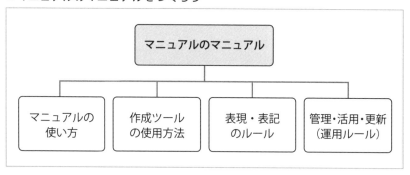

「マニュアルのマニュアル」の項目と内容例

①はユーザー向け、②③④は作成及び管理者向けの項目です。

①マニュアルの使い方

・マニュアルの見方
・用語の意味はどこに掲載されているのか
・使われている記号の意味

②作成ツールの使用方法

・テンプレートの使い方
・複数テンプレートがある場合の使い分け
・Word や Excel などのアプリ別の作成ポイント

③表現・表記のルール

・文末は「です・ます」なのか、「だ・である」か
・箇条書きの文末に「。」は不要か
・ファイルの保存場所や書類の保管場所の表記方法

④運用ルール（管理・活用・更新）

・どこにどんなファイル名でマニュアルを保存するか
・マニュアルの見直し・更新はどうするか
・マニュアルの管理部門、担当者

■ つくり方・使い方のレクチャーにも 「マニュアルのマニュアル」

　せっかくテンプレートをつくっても、つくり方を伝えずに「これを使ってね」と丸投げしては、つくり方の属人化が発生してしまいます。出来上がったマニュアルも同じで、「できたから使ってね」では、使われないまま古くなっていきます。

　つくり方のレクチャーで**つくるスキルの平準化**、使いやすさのポイントをアピールする使い方のレクチャーで**使うスキルの平準化**を図る普及作戦も、「マニュアルのマニュアル」で展開しやすくなります。

マニュアルをリスト管理
して眠らせない

「マニュアルのマニュアル」の項目にも登場する、マニュアルの管理の基本はリスト化です。一覧表をつくれば、どの業務のマニュアルが「ある・ない」かが一目瞭然です。

■マニュアル管理リストの例

マニュアル管理リスト

ID	マニュアル名	作成日 (更新日)	作成者 (更新者)	承認者
001	**業務マニュアル作成の手引き**	2019/11/8	井村	伊藤
301	個人登録	2019/11/8	井村	伊藤
302	住民税	2020/11/8	井村	伊藤
303	月額変更チェック	2021/5/21	田ノ浦	矢本
305	年次更新の仕方	2021/10/15	井村	矢本
306	保険料率の変更	作成中	有田	

📁 6章⇒マニュアル管理リスト.xlsx

■■ 管理リストの項目例

ミニマムな項目での作成例です。備考や業務分類の列を追加するなど、項目は使い勝手に合わせて増減させます。

① ID（管理番号）

それぞれのマニュアルを一意に管理するために、ID（管理番号）を決めておきます。マニュアルのタイトルは似た文言になりやすく、区別しにくいことも ID を付ける理由です。

　業務分類や、部署コードに続けて、作成した順に連番を付与するなど、ルールを決めて採番します。

②マニュアル名

　すべてのマニュアルに「○○マニュアル」と付けると冗長になるので、業務のタイトルとして、マニュアルを共有したときの区別のしやすさ、探しやすさを一番に考えます。

　マニュアルのファイル名を、① + ②（ID+ マニュアル名）にすれば、フォルダー内で ID 順に探しやすく並びます。
「作成中」や「作成予定」のマニュアルもリストに含めておくと、まだ存在しないことや、進捗状況が共有できます。同じ業務のマニュアルを重複してつくるダブルブッキングも防げます。

③作成日（更新日）

　マニュアルをリリースした日付です。更新したら上書きします。

④作成者（更新者）

　マニュアルの作成者です。更新したら上書きします。

⑤承認者

　稟議書などの他の社内文書と同様、上長が承認することで、「組織のオフィシャルな文書」として位置付けることができます。更新したら上書きします。

　③④⑤は、それぞれ作成日と更新日、作成者と更新者、承認者と更新の承認者の列をそれぞれ分けることもできますが、管理上で必要な情報は、最新の更新に関する情報のため、例では分けていません。

■ マニュアルデータの保存場所

　マニュアルファイルをどこに保存しておくかは、「埋蔵マニュアル」問題と関係します。作成者のパソコンや共有サーバー内の個人フォルダー内に保存していると、「埋蔵マニュアル」化のスタンバイ OK になってしまいます。作成途中はまだしも、リリースする際は、管理者を定めたマニュアル専用の場所に保存します。

　共有サーバーやクラウド上のフォルダーなど、組織のデータ管理状況に合わせて、マニュアルデータの保存場所を決めておきましょう。

　マニュアルのフォルダー構造を検討する際は、**最新版と旧版の混同が起きない**ことを優先しましょう。ファイル名の先頭や末尾に「最新版」「01」「ver.1」と付けても決め手になりにくいので、常に最新版を保存するフォルダーを決めて、旧版は「旧版フォルダー」に移動するルールもシンプルでおすすめです。

　また、フォルダーを部署や業務分類で細かく分けたり、階層を

深くしたりすると、管理が複雑になるので要注意です。

　文書管理システムや文書管理システムの機能を含むグループウェアを導入しているのであれば、システムにマニュアルを保存することで、バージョン管理や詳細なアクセス権の設定が行なえます。

管理リストからマニュアルを開く

　リスト、一覧表は、Excelで手軽に作成できます。

　マニュアル名のセルに、マニュアルファイルへのハイパーリンクを設定しておくと、クリックで管理リストからマニュアルを呼び出すことができます。フォルダーウィンドウでファイル名を探すよりマニュアルへのアクセスが容易になります。

■ 管理リストから PDF へのリンク

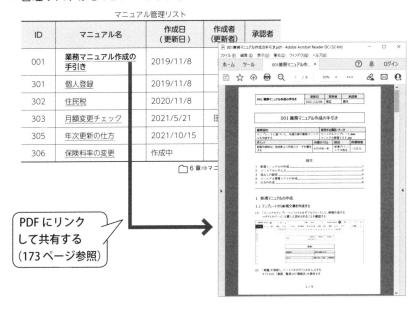

マニュアル管理リスト

ID	マニュアル名	作成日 （更新日）	作成者 （更新者）	承認者
001	**業務マニュアル作成の 手引き**	2019/11/8		
301	個人登録	2019/11/8		
302	住民税	2020/11/8		
303	月額変更チェック	2021/5/21		
305	年次更新の仕方	2021/10/15		
306	保険料率の変更	作成中		

PDFにリンク
して共有する
（173ページ参照）

📂6章⇒マ

見直し・更新を
ルーティン化する

■■ 更新のポイント

　マニュアルでも管理リストでも、「更新日」「更新者」は重要な項目です。マニュアルを使うとき、「いつ最終更新されたのか」はマニュアルの鮮度を表わし、安心して使うために重要な情報です。また「誰がつくった・更新したのか」によって、不明点が出たとき、誰に質問するか、もしくは聞く人は退職などでいないのか、といったことがわかります。

　更新するときに重要なポイントも、この「いつ」「誰が」の2点です。「更新が必要になったら」「気づいた人が更新する」では、初めから更新しないと決めているようなものです。

■■ 更新のスケジュール例

　ある会社の更新ルールを例に、「いつ」「誰が」を含んだスケジュールを確認しましょう。

　この会社では、年に2回は必ずマニュアルを見直すことを決めました。「見直し」には、マニュアルファイルのデータ更新はもちろん、**更新が必要かどうかの確認とマニュアルの新規作成の検討**も含みます。

　年2回の間で、マニュアルに更新が必要な個所が見つかり、同

■更新のスケジュール例（年2回データ更新）

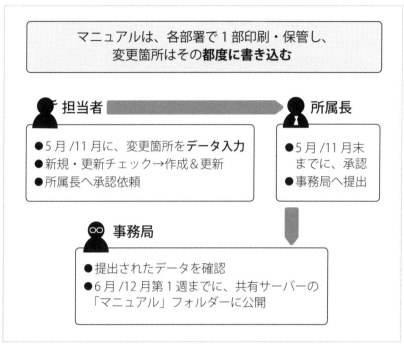

マニュアルは、各部署で1部印刷・保管し、
変更箇所はその**都度に書き込む**

担当者 → 所属長

- 5月/11月に、変更箇所を**データ入力**
- 新規・更新チェック→作成＆更新
- 所属長へ承認依頼

- 5月/11月末までに、承認
- 事務局へ提出

事務局

- 提出されたデータを確認
- 6月/12月第1週までに、共有サーバーの「マニュアル」フォルダーに公開

じタイミングでデータ更新ができない場合は、部署で1部印刷しておいたマニュアルに、「更新内容を手書きする」というルールです。

　年2回の見直しは、**1年ごとの担当者**を決めて交替します。担当者が更新作業をすべて行なうのではなく、見直しの司令塔の役を担います。いずれも属人化を防ぎ、チームでマニュアルの面倒を見るためのしくみです。

　更新・新規作成されたマニュアルは、承認担当である所属長へ提出され、承認を経て、マニュアル事務局へ集まってきます。事務局は、会社全体のマニュアルの担当です。提出されたマニュア

ルを確認して、共有サーバーの「マニュアル」フォルダーに最新
版として差し替えます。

　マニュアルは、社内での公開を原則としますが、機密情報や個
人情報が含まれる場合は、属性や職位に応じたアクセス権を設定
します。
「いつ」「誰が」を決めることに加え、もうひとつ重要なことが、
「欲張らない」ことです。見直しは最低で年１回。そのサイクル
がまわりはじめたら年２回にするというように、自社・チームに
無理のないルールで、**継続することが大切**です。スケジュール例
の会社では、ルール作成から４年、半年に一度の見直しがすっか
りルーティンのひとつになっています。

■■ 更新情報を管理する

　更新情報を記録する場合は、「いつ」「誰が」に、「なぜ」「ど
こ」「なに」を加えます。
　業務プロセスや取引条件の変更、自社・自部署の業務の関係法

■業務マニュアル更新履歴

更新日	ページ	更新者	承認者	備考（更新の理由など）
2020/2/8	8（図7）	坂田	大島	ポータル画面の変更
2021/6/8	13	井村	大島	配送業者の変更
2021/10/6	9-12	井村	矢本	法人税関係法令の改正

　　　　　　　　　　　　　　　　📁 6章⇒マニュアル更新履歴 .docx

令の改正など、業務遂行上の変更によって更新した場合に、更新の履歴を残しておくことで、マニュアルの信頼性がアップします。

　誤字・脱字・細かい表現の変更まで記載するとキリがなくなるばかりでなく、履歴に反映するのが面倒だから更新しないという逆転現象まで起きかねないので、履歴を記録する範囲を決めておくとよいでしょう。

つくって終わりにしない！
マニュアルは活用・更新で実力発揮

▶ **まずは「速く＆小さくつくる」**
- 完成、完璧を目指すのではなく、業務スタートからゴールまで完走することを目指す
- PDCA は、P から A まですべてを、小さく、速くまわす
- つくったマニュアルはリリースして使う

▶ **使いながらチームで育てる**
- それぞれの工夫を加えて、チームのマニュアルに育てる
- マニュアルのマニュアルで、マニュアル作成の属人化を防ぐ

▶ **リスト管理で共有すれば見えてくる**
- どの業務のマニュアルがあるのか／ないのか
- マニュアルの鮮度が落ちていないか
- 次にどんなマニュアルが必要か

▶ **「いつ」「誰が」で更新を継続する**
- 更新スケジュールを先に決める
- 「誰が」はひとりに固定せず輪番制にする
- 更新情報もマニュアルのうち

速く＆小さくつくる！

明日からなんて遅い、遅い！

いまから5分、さっそくできることからはじめましょう。

マニュアルは組織の財産

　本書は、マニュアル作成の研修やコンサルティングで出会った「マニュアルあるある」がベースになっています。

　私は、事務ワークの改善、チーム・組織力向上をメインテーマにコンサルティングや研修を行なっています。研修・コンサルは「現状の見える化」と「ありたい姿の見える化」からスタートします。多くの組織で共通する、見える化から浮き彫りになる課題が「業務の属人化」「引き継ぎ」「育成・定着」です。

　これらの課題の解決策として登場する「マニュアルがあったら……」「つくれたらいいけど……」の声に応えていくうちに、マニュアル作成の支援が、私のテーマのなかで大きな割合を占めるようになりました。

　マニュアルは、作成を通した課題のクリアにとどまらず、自分の仕事に自信が持てるようになったり、仕事が見えてきたことでお互いにヘルプしやすくなってチーム力がアップしたりと、さまざまなプラスアルファの効果を発揮します。

「組織は人」とは古くから言われますが、AIに代表されるDX（デジタルトランスフォーメーション）の導入が待ったなしの現在、「人」だからこそ発揮できる力としての「チーム力、組織力」の重要性はより高まっています。

また、業務を俯瞰して分類し、言語化するマニュアル作成のスキルは、業種・職種を問わず個人が持ち運ぶことができる「ポータブルスキル」です。個人のスキルアップのチャンスとしても、マニュアル作成は効果が大きい取り組みです。

　もちろん、作成する側・使う側のメリットだけでなく、マニュアルの活用によって、「安定したアウトプット（サービス・商品）」を提供することは、なにより顧客満足を高めることにほかなりません。

　では、本書で一番伝えたかったことをもう一度！
「マニュアルは小さくつくって、使いながら育てましょう」
　どんなにパーフェクトにつくったマニュアルも、半年経てば更新が必要になるほど、業務の変化が速く激しい現在です。つくって終わりではなく、使うところからがマニュアルのスタート。
　速く小さくつくって、使いながら育てましょう。

　本書があなたのマニュアル作成のお役に立てることを願っています。

　2021 年 12 月　　　　　　　　　　　　　　　　　　森田圭美

テンプレートデータ　ダウンロード特典のご案内

本書 □ マークのある図表のテンプレートデータを右記 URL よりダウンロードできます。ぜひご活用ください。

※ダウンロードデータの利用には、パスワード（manual2112bps）が必要です。
※この特典は予告なく内容を変更・終了する場合がありますことをご了承ください。

https://j-bps.com/

著者略歴

森田　圭美（もりた　たまみ）

株式会社ビジネスプラスサポート　人財育成プロデューサー
IT（マイクロソフトオフィシャルトレーナー）分野から講師業をスタートし、「わかりやすい、現場ですぐ使える」インストラクション技術を習得。研修・セミナー・コンサルティングの場で、「『人と人』『仕事と人』『人と組織』を笑顔で結ぶ」をモットーに、「合点！」の笑顔と行動を引き出している。
事務改善・IT業務改善、マニュアル作成支援を軸として、コミュニケーションやチーム活性化と、多面的に組織のヒューマンパワー活性化をサポートしている。
著書に『在宅勤務にも活用できる！　今さら聞けないパソコン仕事の効率アップ50』（同文舘出版）がある。
熊本市出身、京都市在住。
ITコーディネータ／組織変革プロセスファシリテーター

監修／株式会社ビジネスプラスサポート
"輝く人財づくりを支援する"を理念に、「仕事の生産性向上」「働きがい向上」「キャリア開発」の分野で、人と組織が豊かで幸せになるための人財育成支援を行なっている。単なる知識やスキルだけではなく、豊かな人間性やセンスを磨くための考え方や行動についても啓蒙している。
https://j-bps.com/

Wordで誰でもつくれる！
本当に使える業務マニュアル作成のルール

2021年12月21日　初版発行
2024年11月11日　9刷発行

監修者 ＿＿＿＿ 株式会社ビジネスプラスサポート

著　者 ＿＿＿＿ 森田圭美

発行者 ＿＿＿＿ 中島豊彦

発行所 ＿＿＿＿ 同文舘出版株式会社
　　　　　　　　東京都千代田区神田神保町1-41　〒101-0051
　　　　　　　　電話　営業03（3294）1801　編集03（3294）1802
　　　　　　　　振替00100-8-42935
　　　　　　　　https://www.dobunkan.co.jp/

©T.Morita　　　　　　　　　　　　ISBN978-4-495-54101-9
印刷／製本：萩原印刷　　　　　　　　Printed in Japan 2021